ÉTUDE

SUR LA

THÉORIE GÉNÉRALE

DES OBLIGATIONS

DANS

LA SECONDE RÉDACTION DU PROJET DU CODE CIVIL

POUR L'EMPIRE D'ALLEMAGNE

PAR

M. RAYMOND SALEILLES

PROFESSEUR AGRÉGÉ

A LA FACULTÉ DE DROIT DE PARIS

(Premier article.)

(EXTRAIT du *Bulletin de la Société de législation comparés*.)

PARIS

LIBRAIRIE COTILLON

F. PICHON, SUCCESSEUR, ÉDITEUR

Libraire du Conseil d'État et de la Société de Législation comparés

24, Rue Soufflot, 24

1895

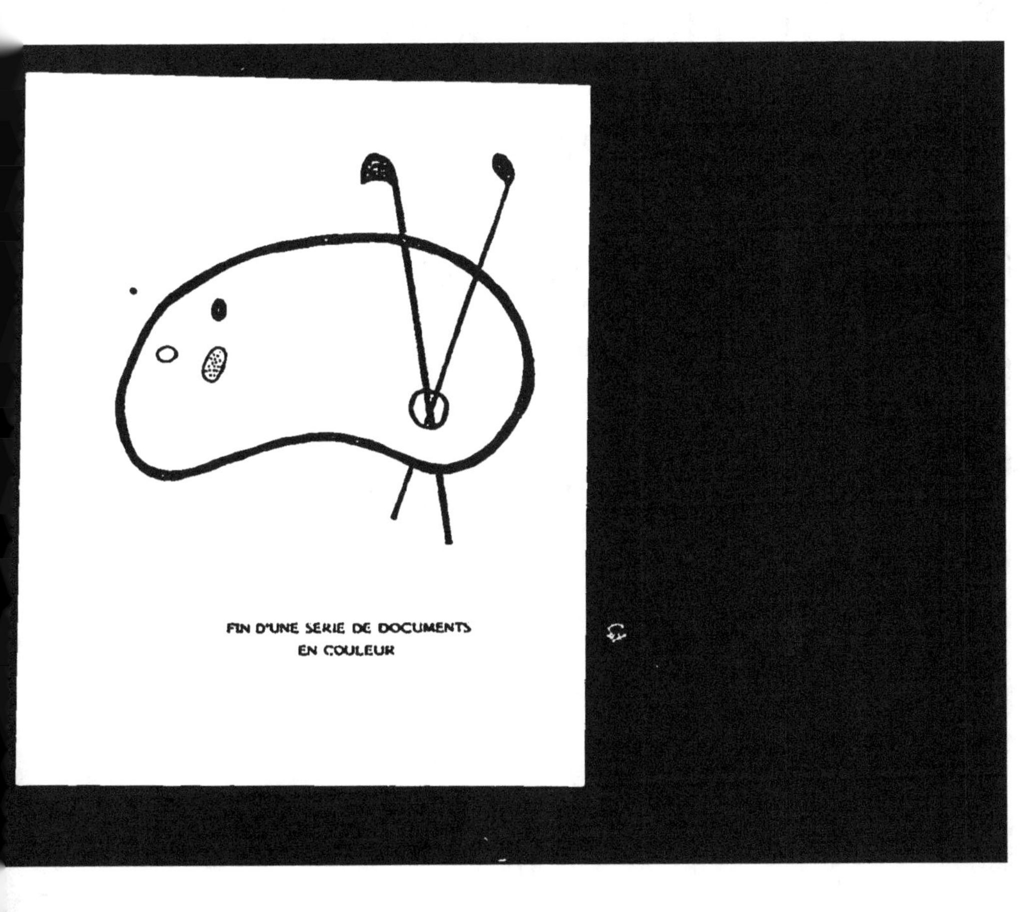
FIN D'UNE SERIE DE DOCUMENTS
EN COULEUR

ÉTUDE

SUR LA

THÉORIE GÉNÉRALE

DES OBLIGATIONS

DANS

LA SECONDE RÉDACTION DU PROJET DU CODE CIVIL

POUR L'EMPIRE D'ALLEMAGNE

PAR

M. RAYMOND SALEILLES

PROFESSEUR AGRÉGÉ

A LA FACULTÉ DE DROIT DE PARIS

(Premier article.)

(EXTRAIT du *Bulletin de la Société de législation comparée.*)

PARIS

LIBRAIRIE COTILLON

F. PICHON, SUCCESSEUR, ÉDITEUR

Libraire du Conseil d'État et de la Société de Législation comparée

24, Rue Soufflot, 24

1895

ÉTUDE

THÉORIE GÉNÉRALE

DES OBLIGATIONS

DANS LA SECONDE RÉDACTION DU PROJET DU CODE CIVIL

POUR L'EMPIRE D'ALLEMAGNE

OBSERVATIONS PRÉLIMINAIRES.

1. — On suit avec un intérêt croissant, en Allemagne, dans le monde juridique, les travaux de la commission chargée de la rédaction en seconde lecture du Projet de Code civil.

La partie relative aux obligations est aujourd'hui entièrement terminée.

La Société de législation comparée avait eu l'heureuse pensée de donner au public scientifique de notre pays communication du dernier Projet, et elle m'avait fait l'honneur de me confier la partie relative aux obligations.

Ce premier travail appelle un complément indispensable; il importe de savoir ce qu'est devenue, après les innombrables discussions de la critique, l'œuvre des premiers rédacteurs; quelle part a été faite aux objections nombreuses qu'elle avait soulevées sur bien des points; quelles idées nouvelles auront prévalu.

Dans le premier travail, dont on avait bien voulu me charger, je m'étais préoccupé surtout de mettre en relief les idées et les doctrines qui ont cours en Allemagne sur les principales matières du droit civil : je n'ai pas l'intention de reprendre en sous-œuvre cette construction doctrinale.

Ce qui doit intéresser aujourd'hui le public français ce sont les efforts faits pour mettre la première rédaction en harmonie avec les nécessités pratiques ; il y a tout profit pour tout le monde juridique, à l'étranger tout autant qu'en Allemagne, à connaitre les raisons des modifications apportées à l'œuvre initiale : or, il n'y a qu'une façon de faire, à ce point de vue, quelque chose de vraiment utile, c'est de fournir une étude exégétique du nouveau Projet, en indiquant pour chaque article les changements adoptés et les motifs à l'appui.

Ce travail est d'ailleurs rendu facile par différentes études qui ont déjà été publiées en Allemagne sur ce même plan et qui se sont inspirées des procès-verbaux officiels de la commission de rédaction.

Je ne puis donc avoir d'autre ambition que de les reproduire, puisque c'est là seulement que nous pouvons trouver l'explication des changements adoptés.

Je citerai en particulier les études de MM. Jecklin et Greiff, parues dans les *Beiträge zur Erläuterung des deutschen Rechts ;* de M. Greiff, également dans les *Jahrbücher für Nationalœkonomie und Statistik ;* de M. Grützmann, dans le *Sächsisches Archiv für Bürgerliches Recht und Process ;* de M. le professeur Hölder, dans l'*Archiv für die civilistische Praxis.* Enfin, je signalerai surtout l'œuvre indispensable de M. le conseiller Keatz, *Die zweite Lesung des Entwurfs eines Bürgerlichen Gesetzbuches für das deutsche Reich unter Gegenüberstellung der ersten Lesung,* dans laquelle les textes des deux Projets sont reproduits en regard, avec notes explicatives pour les plus importantes modifications.

C'est à ces importants travaux que j'ai largement puisé ; il m'était impossible, pour le but que je poursuivais cette fois, de faire œuvre personnelle. Il y aurait quelque indiscrétion de notre part à nous poser en critiques : nous ne sommes que des observateurs attentifs et bienveillants ; et c'est un service à rendre à tous ceux qui s'occupent d'études juridiques que d'exposer simplement, et sans autre prétention, le monde d'idées qui aura été remué à propos du travail considérable dont notre époque se trouve être le témoin.

J'ai donc voulu, pour qu'il n'y ait à cet égard aucune méprise, citer mes sources dès l'abord ; ce n'était pas seulement de ma part un devoir d'honnêteté, mais aussi un devoir de reconnaissance pour le profit que j'en ai retiré et la bienveillance avec laquelle on a mis à ma disposition tous les documents nécessaires. Je dois, sous ce rapport, des remerciements tout spéciaux à M. le professeur André, de la commission de rédaction, qui s'est mis, à ce sujet, à ma plus entière disposition.

2. — Enfin, je dois compte, pour en terminer avec ces préliminaires, de la méthode que j'ai cru devoir adopter ; il m'a semblé qu'une étude exégétique sans les textes serait un travail à peu près inutile. Je donnerai donc en notes la traduction des nouveaux articles du Projet ; il est vrai que pour se rendre compte des changements survenus il faudrait avoir en regard les articles correspondants du premier Projet. Mais, comme celui-ci a été traduit par M. Raoul de la Grasserie, il sera toujours possible de recourir aux textes primitifs et de faire la comparaison (1). J'indiquerai donc entre parenthèses pour chaque article du nouveau Projet, l'article de l'ancien qui se trouve y correspondre. Ceux qui ne porteront pas de numéro ainsi intercalé seront les textes entièrement nouveaux, ajoutés à la seconde lecture.

De plus, comme sur chaque matière je serais obligé, pour éviter les redites, de renvoyer aux explications historiques ou doctrinales que j'en ai données dans mon étude sur les Obligations dans le Projet de Code civil allemand, j'indiquerai, pour ne pas multiplier des citations qui deviendraient, pour moi tout le premier, obsédantes, pour ne pas dire plus, à la suite des sous-titres de chaque matière, et par un chiffre également entre crochets, le numéro de mon premier travail qui doit y correspondre.

---

(1) Pour les textes du premier Projet pour lesquels la traduction ne me semblerait pas de nature à rendre la comparaison suffisamment complète, de telle sorte qu'il y eut quelques difficultés à se rendre compte des changements apportés au texte, j'ai donné en regard les deux rédactions officielles dans le texte allemand, celui de l'article du Projet primitif et celui de l'article du nouveau qui se trouve y correspondre.

PLAN ET DISTRIBUTION DES MATIÈRES.

3. — Je signalerai tout d'abord d'importantes modifications apportées dans l'ordre et la disposition des articles.

Le premier Projet s'occupait, en effet, dans une première partie de tout ce qui avait trait à l'obligation prise en elle-même en dehors de ses sources; après quoi il étudiait la formation de l'obligation, en premier lieu, par rapport au contrat envisagé dans sa théorie générale, puis dans ses applications particulières, et, en second lieu, par rapport aux autres sources d'où peut naître l'obligation et, en particulier, aux délits et quasi-délits.

Le nouveau Projet a détaché la théorie des contrats pour l'intercaler dans la partie générale des obligations, à la suite du contenu de l'obligation, et avant même de traiter de l'extinction et du transfert de l'obligation.

Le contenu de l'obligation indique en quoi consiste l'obligation et quels en sont les effets.

On pourrait croire qu'en étudiant à la suite ce qui a trait au contrat, on eût voulu envisager l'obligation par rapport à ses sources. Je crois que ce point de vue n'est pas du tout celui du Projet; car s'il en était ainsi, il eut fallu étudier comme source possible de l'obligation la théorie générale des délits et celle des quasi-contrats.

Le nouveau Projet, comme l'ancien, sépare au contraire la théorie générale des contrats de celle des délits et autres sources de l'obligation. Le contrat a donc été envisagé surtout au point de vue des effets généraux qu'il produit sur le contenu de l'obligation ; ce sont donc les rapports réciproques du créancier et du débiteur que l'on a considérés principalement; et, comme c'est là ce qui constitue avant tout le contenu de l'obligation, puisque l'obligation, isolée de ses sources, est une abstraction irréalisable en pratique, on a pensé que la théorie du contrat, examinée dans ses effets généraux, était le complément indispensable de la section relative aux effets du contenu de l'obligation. En réalité, c'est l'étude du contrat qui se trouverait correspondre à plus juste titre au contenu de l'obligation, puisque c'est par le contrat que se précise et se détermine l'étendue des rapports réciproques qui lient les deux parties; et, lorsqu'on étudie l'obligation en elle-même, c'est-à-dire indépendamment de l'étendue que lui a

donnée la convention des parties, il ne peut plus guère être question que de l'exécution de l'obligation telle qu'elle existe et telle
que l'a faite le contrat lui-même. Aussi verrons-nous que sous le
titre de contenu de l'obligation, c'est à peu près uniquement de
l'exécution qu'il sera question.

Quoiqu'il en soit, le nouveau Projet a donc étudié, après le
contenu proprement dit de l'obligation, ce qui a trait aux effets
généraux des contrats; et c'est après cela seulement qu'il passe à
l'extinction et au transfert de l'obligation.

Il relègue ensuite dans une section qui paraît un peu isolée,
sans grand lien avec le reste, la partie relative à la pluralité des
sujets juridiques, pluralité de débiteurs ou de créanciers, ce qui
correspond à peu près à la solidarité.

Et par-là se termine la partie générale de l'obligation. Dans une
dernière section, qui ne comprend pas moins de 26 titres spéciaux, il étudie les obligations qui dérivent de causes juridiques
particulières, et qui correspondent à l'examen des différentes
variétés de contrats et autres sources juridiques, dont, pour finir,
les délits et quasi-délits.

4. — Si je croyais pouvoir étudier ici toute la partie des obligations, même celle qui a trait aux contrats particuliers, je n'au-
rais qu'à suivre le plan du nouveau Projet, article par article,
puisque c'est cette méthode d'exégèse que j'ai cru cette fois
devoir adopter.

Mais il me serait impossible, si peu que je veuille entrer dans
le moindre développement, d'aborder l'examen des contrats
particuliers; et cependant je désirerais, comme je l'ai fait déjà
dans mon étude sur le premier Projet, rattacher à la partie générale ce qui a trait aux obligations au porteur et aux délits.

D'autre part, je ne veux à aucun prix, sous prétexte de
méthode, bouleverser l'ordre des articles: ce serait enlever à
l'étude que j'offre ici toute sa clarté et une partie de son utilité;
je me contenterai donc, après avoir examiné dans leur ordre
toutes les sections de la partie générale des obligations, d'en
rapprocher sans autre transition les titres relatifs à la promesse
abstraite, à l'obligation au porteur et aux délits.

Je distribuerai ainsi toutes ces matières dans les cinq chapitres
suivants :

1° *Des effets de l'obligation en général;*
2° *Des effets du contrat;*
3° *Extinction et transmission de l'obligation;*

4° *Modalités de l'obligation;*

5° *Des obligations dérivant d'enrichissement sans cause et de faits illicites.*

Des effets de l'obligation en général.

5. — Le chapitre que je consacre aux effets de l'obligation correspond à la première section du Projet, intitulée : *Du contenu de l'obligation*, ou, plus littéralement, *Contenu des obligations*.

Le premier Projet avait distingué entre l'objet et le contenu de l'obligation. Le second a trouvé, à la suite des critiques qui en avaient été faites (1), que le criterium de distinction entre les deux matières était beaucoup trop vague et flottant, et d'allure plus scientifique que pratique. Si le contenu de l'obligation répond à l'étendue que doit avoir le lien obligatoire et à la détermination de ce à quoi il oblige, cela comprend forcément l'objet sur lequel porte l'obligation. Le nouveau Projet a donc réuni les deux parties en une seule, laquelle a pris le titre de *Contenu des obligations*.

De plus, toutes les anciennes subdivisions de la section du

SECOND LIVRE

DU DROIT DES OBLIGATIONS

Iʳᵉ SECTION. — *Du contenu de l'obligation.*

TITRE Iᵉʳ. — DE LA PRESTATION ET DE SON EXÉCUTION

Art. 205 (206) (2). *L'effet propre de l'obligation est d'autoriser le créancier à exiger du débiteur une prestation. La prestation peut consister à faire ou à ne pas faire.*

---

(1) Cf. LEONHARD. Der Entwurf eines bürgerlichen Gesetzbuches für das deutsche Reich und seine Beurteilung (Marburg, 1891), p. 45.

Cf. SEUFFERT. Die allgemeinen Grundsätze des Obligationenrechts in dem Entwurfe eines bürgerlichen Gesetzbuches für das deutsche Reichs (dans les *Bekker und Fischer Beiträge zur Erläuterung und Beurtheilung des Entwurfes*), p. 3.

(2) Les chiffres ici placés entre parenthèses sont les articles correspondants du premier Projet.

premier Projet sur le contenu des obligations ont été supprimées et toutes les dispositions qui s'y rapportaient réunies en un seul titre relatif à la prestation elle-même.

Tout le contenu de l'obligation revient en effet, en ce qui touche le débiteur, à décrire ce que doit comprendre la prestation. En ce qui concerne le créancier, les effets qui en découlent se produisent au cas de demeure du créancier.

De là, les deux titres de cette première section : l'un relatif à l'exécution par le débiteur et l'autre relatif à la demeure du créancier.

DE LA PRESTATION ET DE LA FAÇON DONT ELLE DOIT ETRE EXÉCUTÉE.

6. — *Objet de l'obligation.* — Art. 205 [n° 8] (1). Le second Projet, comme le premier, part du principe, sous-entendu par cela seul que le Projet ne dit pas le contraire, que tout ce qui présente un intérêt respectable peut être matière d'une obligation, sans qu'il soit nécessaire que l'objet à poursuivre ait un intérêt pécuniaire pour le créancier.

Art. 206. Puis, il place, cette fois, en tête de toute la matière, cette déclaration, que le premier Projet avait dû beaucoup trop éloigner et presque scinder en deux, que le débiteur est obligé d'exécuter la prestation conformément à ce qu'exigent la loyauté

Art. 206 (224, § 1; 359). *Le débiteur doit effectuer la prestation conformément à ce qu'exigent la loyauté et la bonne foi appréciées d'après les usages admis dans les relations d'affaires.*

Art. 207 (213). *Si la chose due n'est déterminée que par son espèce, la prestation doit porter sur une chose de qualité et de valeur moyennes.*

(214). *Lorsque le débiteur, pour ce qui est de lui, a fait, pour la prestation d'une chose de cette nature, tout ce qu'on était en droit d'exiger de lui, c'est sur cette chose que se concentre, alors son obligation.*

---

(1) Je rappelle que les numéros ainsi placés entre crochets dans le corps du texte renvoient aux paragraphes correspondants de mon étude sur la théorie de l'Obligation, d'après le Projet de Code civil allemand.

et la bonne foi, et en tenant compte des usages en matière
d'affaires et de transactions.

7. — *Obligations de genre.* — Art. 207 [11]. Passant ensuite aux
diverses catégories de prestations, le nouveau Projet traite des
obligations de genre; et le nouvel article 207, correspondant aux
articles 213 et 214 de l'ancienne rédaction, nous présente la première modification un peu sérieuse que nous ayons à signaler,
mais conçue elle-même en termes quelque peu généraux et
abstraits, qui, au premier abord, sont loin de laisser apercevoir
le cas concret qu'ils ont en vue, et qui laissent encore moins
soupçonner la raison d'être du changement apporté au texte.

L'ancien article 214, prenant parti sur une controverse d'école
que j'ai rappelée ailleurs, fixait en effet le moment de ce que les
Allemands, en matière d'obligations de genre, appellent la concentration de l'obligation, c'est-à-dire sa transformation en une dette
de corps certain par le choix définitivement consommé du débiteur, à l'époque de la livraison réellement effectuée (*Lieferungstheorie*); et, passant de la règle aux exceptions, il déclarait que
les cas où cette transformation pourrait cependant avoir lieu
avant livraison complète aux mains du créancier seraient exactement les mêmes que ceux où, dès avant livraison, il y a transfert des risques à la charge du créancier. Le déplacement des
risques fixait le moment où se consommait irrévocablement le
choix du débiteur et où se spécialisait son obligation (1).

Il faut, en effet, se souvenir que dans la théorie du Projet les
risques, jusqu'à la livraison, en principe, sont pour le débiteur.
Dans les cas, par conséquent, où par exception ils passaient au
créancier avant que la livraison se trouvât complètement effectuée,
il y avait par le fait même consommation du choix du débiteur
et concentration par suite de son obligation sur la chose ainsi
mise aux risques du créancier.

Le nouvel article 207, tout en partant du même principe
(*Lieferungstheorie*), quoi qu'il ne le dise pas aussi expressément,
ne parle plus d'une spécialisation de l'obligation par la livraison
effectuée; et cela par la bonne raison que, du moment où la
livraison est faite, l'obligation est remplie et par suite n'existe
plus: il serait donc assez bizarre de déclarer alors qu'elle se trans-

(1) Cf. SEUFFERT, *loc. cit.*, p. 9-10, et LABAND, dans *Archiv für civilistische praxis*, t. LXXIII, p. 167.

forme en une obligation de corps certain (1). Il n'y avait donc en réalité à parler de spécialisation, ou de concentration, de l'obligation. que pour les cas où cette transformation se produit avant livraison. Or, l'idée d'en rattacher l'accomplissement au fait du transfert des risques a paru beaucoup trop étroite. Le Projet. en effet, ne prévoyait que deux hypothèses où les risques dussent passer au créancier avant livraison: le cas où il était en demeure, et celui où, s'agissant de vente, le vendeur, sur la demande de l'acheteur, devait lui faire parvenir la chose vendue dans un lieu autre que celui fixé pour l'exécution du contrat. Dans ce dernier cas les risques passaient à l'acheteur dès que la chose avait été remise au voiturier, ou transporteur quelconque, chargé de la faire parvenir à destination (art. 465 de l'ancien Projet, art. 388 du nouveau).

Telles étaient donc les seules hypothèses où. s'agissant d'obligation de genre, le choix du débiteur se trouvait, avant livraison, irrévocablement fixé et son obligation restreinte à la chose choisie; c'était, lorsqu'il avait fait au créancier des offres valables, susceptibles de le constituer en demeure, ou encore, lorsqu'au cas de vente il avait, sur la demande de l'acheteur, expédié la chose à ce dernier et qu'il l'eût pour cela remise aux mains de l'agent ou de la compagnie qui dût en effectuer le transport. C'étaient en même temps les seuls cas où les risques passàssent au créancier.

Il est bien certain qu'on pouvait très facilement étendre à tous les contrats synallagmatiques ce qui était dit de la vente. Mais qu'eût-on décidé en matière de contrats unilatéraux, au cas de donation par voie de promesse unilatérale, ou, de même, en dehors des contrats, au cas de legs?

Ici, on ne peut plus parler de transfert des risques, puisque, pour en être question, il faut qu'il s'agisse de contrat synallagmatique; la question de savoir qui doit supporter les risques consistant uniquement dans le maintien ou la suppression de la contre-prestation.

Là où il n'y a pas de contre-prestation, il s'agit, non pas de la charge des risques, mais de la libération de l'obligation par cas fortuit, ce qui est loin d'être la même chose. Le vendeur qui

---

(1) Sur tous ces points, pour tout ce qui va suivre, voir JECKLIN, dans les *Beiträge zur Erläuterung des deutschen Rechts* (1892), t. XXXVI, p. 855; et REATZ, *loc. cit. (Die zweite Lesung des Entwurfs*. p. 105. note 2.

subit sans sa faute la perte de la chose est bien libéré de son obligation, mais là où les risques sont pour lui, il ne touche pas son prix ; tandis que le donateur, dans le même cas, se trouve également libéré, mais n'est pas appauvri pour cela, puisqu'il ne devait rien recevoir en retour, et de même l'héritier débiteur d'un legs. Si l'on peut parler de risques en pareil cas, c'est le créancier seul qui les supporte. Mais ce n'est pas là ce que l'on entend au sens technique du mot, lorsque l'on parle en matière de contrats du transfert des risques ; et d'ailleurs on voit d'après ce qui vient d'être dit que, en prenant le mot au sens large, s'il s'agit de legs ou de promesse à titre de donation, les risques dès le début sont pour le créancier et qu'il ne saurait être question d'un transfert après coup des risques à la charge du créancier. Donc, en pareil cas, et à s'en tenir à l'interprétation stricte, l'exception admise au cas de vente, et résultant de la remise sur l'ordre de l'acheteur aux mains du voiturier, devenait inapplicable dans les hypothèses de contrats à prestation unilatérale, puisque, en tant qu'il s'agissait de spécialiser l'obligation du débiteur, cette exception se trouvait en quelque sorte dissimulée sous une formule abstraite, celle du transfert des risques, qui n'avait plus de sens dans l'espèce. Il eut donc fallu en revenir à la règle de droit commun posée par le Projet ; et la concentration de l'obligation ne se fût jamais opérée que par la livraison réellement effectuée, donc par la réception aux mains du créancier.

Cette interprétation eût été pratiquement inadmissible ; d'autant qu'ici la concentration de l'obligation a un effet autrement important qu'en matière de contrat synallagmatique et qu'il y a grand intérêt pour le débiteur, dans la mesure où l'équité le permet, à en fixer au plus vite la date définitive. S'il s'agit en effet de contrat synallagmatique, la spécialisation de l'obligation, dans le système du Projet, n'a guère d'autre effet que de rendre irrévocable le choix du débiteur, puisque la chose même ainsi spécialisée n'en reste pas moins aux risques de ce dernier. Sans doute, s'il arrive qu'elle périsse par cas fortuit, le créancier, du moment que l'obligation de genre s'est transformée en une dette de corps certain, ne pourra plus exiger la livraison d'une autre chose de même espèce, mais il pourra refuser de payer ; or, la plupart du temps, importe-t-il beaucoup au débiteur d'être exempt de fournir un nouvel objet, sauf à n'être pas payé, plutôt que d'exécuter en nature et de recevoir son prix ? Comme on le voit, dans le système du Projet qui, en principe, laisse les risques à la charge du débiteur. la transformation de l'obligation de genre en une dette de corps certain n'a guère. s'il s'agit de contrat synallagmatique. qu'un effet pratiquement assez restreint.

Mais il n'en est plus de même là où il n'y a plus de contre-prestation à fournir. La concentration en pareil cas aura pour effet de libérer entièrement le débiteur au cas de perte fortuite. Tant que l'obligation reste une dette de genre, l'impossibilité d'exécuter, même non imputable au débiteur, ne l'exempte pas de fournir ce qu'il doit, du moment qu'il peut encore se procurer une chose analogue à celle qu'il comptait offrir : toute impossibilité qui n'est que personnelle au débiteur laisse intacte l'obligation; nous verrons cela sur l'article 237. Il n'en est plus de même dès que l'obligation s'est transformée en une dette de corps certain; nous verrons que l'impossibilité purement relative, et ne concernant que le débiteur, suffit alors à procurer à celui-ci sa libération, dès qu'il est exempt de faute. Donc, à partir du moment où son obligation s'est fixée sur une chose individualisée, la perte arrivée par cas fortuit de cette chose ainsi déterminée libère le débiteur, et comme il n'avait rien à recevoir du créancier, et que par suite il ne peut être question de procurer à celui-ci une libération réciproque. c'est donc le créancier seul qui va souffrir de la perte de la chose; c'est lui, au sens large du mot, comme je le disais déjà tout à l'heure, qui à partir de cette individualisation de la chose à fournir va supporter les risques du cas fortuit.

Or, il est bien certain que, lorsque le donateur a accepté d'expédier la chose au créancier ou l'héritier au légataire, il fallait qu'il pût, comme le vendeur, bénéficier de la perte fortuite arrivée avant la réception de la chose; et il ne fallait pas s'exposer à ce qu'une interprétation étroite du texte adopté par le premier Projet permit de nier la spécialisation de son obligation pour exiger de lui qu'il envoyât une nouvelle chose de même espèce.

Mais l'hypothèse où l'expédition a lieu sur la demande du créancier, qu'il s'agisse de contrats synallagmatiques ou unilatéraux, n'était pas la seule à prévoir dans laquelle la corrélation du principe de concentration avec le fait du transfert des risques pût paraitre trop étroite.

Lorsqu'on parle d'expédition de la chose, on suppose en effet que le créancier l'a demandée et que le débiteur s'y est prêté;

c'est qu'en effet d'après le Projet, le lieu de l'exécution en principe est celui du domicile du débiteur (art. 225) : c'est donc au créancier à venir prendre livraison : et, si le débiteur consent cependant à lui adresser ce qu'il lui doit, on comprend qu'une fois les formalités d'expédition remplies, cela équivaut pour le débiteur à la livraison et que l'exécution, pour ce qui est de lui, est censée effectuée, tant au point de vue du transfert des risques qu'à celui de la spécialisation de son obligation, s'il s'agit d'obligation de genre.

Mais supposons qu'il se soit engagé par son contrat lui-même à faire parvenir la chose au créancier, ou qu'il résulte de la nature de l'obligation qu'il doive la lui expédier; ici le lieu d'exécution, dans la plupart des cas, sera le domicile du créancier; et, d'après la théorie du Projet, le débiteur doit alors supporter les risques tant que l'exécution n'est pas complète, donc tant qu'il n'y a pas eu réception aux mains du créancier.

D'après l'ancien texte, toutes les fois que la livraison ne devait plus se faire chez le débiteur, il eût fallu attendre jusqu'à la réception aux mains du créancier pour la spécialisation de l'obligation ; de sorte que la chose vînt-elle à périr en cours de route sans la faute du débiteur, le créancier, dans tous les cas, aurait pu exiger un nouvel envoi, et cela même s'il se fût agi de legs ou de donation. C'était là une solution bien rigoureuse, surtout au cas de prestation unilatérale.

Ne pourrait-on pas considérer cependant, dès que le débiteur a fait de son côté tout ce à quoi l'obligeait matériellement sa propre dette, que son choix se trouve suffisamment acquis et précisé pour que la chose qu'il aura ainsi choisie devienne l'objet unique de son obligation et qu'il soit libéré si cette chose vient à périr, sauf, il est vrai, à ne pas recevoir ce qui lui était dû en retour, s'il s'agit de contrat synallagmatique et que les risques lui restent? Si donc cette opinion peut paraître justifiée, ne peut-on pas dire, lorsque le débiteur, à supposer même qu'il doive livrer chez le créancier, a rempli toutes les formalités d'usage pour que l'expédition soit régulière, qu'il a fait tout ce à quoi il était obligé d'après les usages courants et que son obligation en fait est aussi nettement spécialisée que possible? Il s'est irrévocablement dessaisi de la chose livrée : rien ne serait plus contradictoire, semble-t-il, que cette spécialisation de fait n'entraînât pas spécialisation de droit de son obligation. Donc, par le fait même, non seulement son choix deviendrait irrévocable ; mais si la chose vint à périr, il serait juste qu'il fût libéré de son obligation, libération qui serait complète s'il s'agit de contrat unilatéral, mais qui, au cas de contrat synallagmatique, laissant les risques à sa charge, l'exposerait encore, sinon à l'obligation d'un nouvel envoi, du moins à celle de subir les risques, puisqu'il ne toucherait pas ce qui lui était dû.

La formule générale de cette seconde théorie serait celle qui ferait dépendre dans tous les cas la spécialisation de l'obligation de l'envoi de la marchandise.

Est-ce donc cette théorie nouvelle que le Projet, dans sa seconde rédaction, a entendu admettre ?

Nous allons voir que la rédaction qu'il adopte aurait pu le faire croire. Et cependant, il a été formellement déclaré que l'on s'en tenait encore au principe d'Ihering, de la spécialisation par voie de livraison définitivement réalisée.

Toutefois la formule employée est moins absolue que celle d'Ihering : on ne parle pas de livraison réalisée ; le mot n'est même pas prononcé. La formule est celle-ci :

Il y a spécialisation dès que le débiteur a fait tout ce à quoi il était normalement obligé, ou plutôt tout ce qu'on était en droit d'exiger de lui ; lorsqu'il a fait le nécessaire, dit le texte, pour que la prestation soit réalisée.

A première vue, cette formule peut paraître assez ambiguë. On serait tenté de croire qu'alors même que le lieu d'exécution fût le domicile du créancier, et encore que le débiteur eût garanti la réception de la chose en bon port, le choix de la chose due fût définitivement consommé par le fait seul de l'envoi ; le débiteur n'a-t-il pas fait tout ce que, d'après les usages du commerce, on pouvait exiger de lui, pour la réalisation matérielle de la prestation qu'il doit fournir ? n'a-t-il pas fait, au sens courant du mot, tout le nécessaire ?

Tout ce que normalement on peut lui demander, c'est qu'il fasse une expédition régulière à l'échéance ; et cependant ce n'est pas cette large interprétation qui doit être adoptée, puisqu'on nous dit formellement qu'en principe on s'en tient au système d'Ihering, sur la spécialisation par voie de livraison réalisée (1).

Mais d'autre part, on n'a pas voulu non plus, même dans les cas où le créancier n'a pas à venir prendre livraison chez le

____

(1) REATZ, *loc. cit.*, p. 105, note 2.

débiteur, attendre forcément que la chose fût arrivée entre ses mains pour fixer le moment même de la spécialisation.

Quelle est donc la portée exacte de la formule du nouvel article 207 ? La voici :

Le nouveau Projet a entendu que l'on prît au sens strict et rigoureux la formule qu'il emploie, que la concentration existe dès que le débiteur a fait pour la prestation qu'il devait tout ce qu'on pouvait exiger de lui, tout ce qui était requis pour la prestation (*Erforderliche*).

Il faudra donc distinguer très soigneusement à quoi il était exactement obligé : devait-il attendre le créancier? Il faudra que celui-ci soit venu prendre livraison chez lui pour que la spécialisation soit acquise. Devait-il expédier la marchandise sans s'être engagé à la faire parvenir à bon port, par le fait seul de l'expédition il aura fait tout ce à quoi il était obligé, la spécialisation est réalisée; enfin a-t-il entendu prendre sur lui de garantir la réception à bon port comme s'il prenait le transport à ses risques, il faudra attendre livraison complète pour que la concentration existe au regard du créancier. On voit que c'est à peu près le système de l'article 345 du Code de commerce allemand.

De là cette formule du nouvel article 207 que la spécialisation existe dès que le débiteur a fait pour la prestation de la chose tout ce qu'on était en droit d'exiger de lui (*das zur Leistung Erforderliche*). On sait exactement maintenant à quoi cela doit correspondre et quelle en est la portée très soigneusement déterminée. Mais toutes ces nuances étaient délicates à préciser.

D'après cette formule, il faudrait donc en résumé distinguer les quatre hypothèses suivantes : 1° le cas où, d'après le droit commun, le créancier doit venir prendre livraison chez le débiteur, ou, à l'inverse, celui où le débiteur doit l'effectuer lui-même au domicile du créancier par lui ou par des agents dont il reste responsable, la spécialisation n'étant acquise alors que par la livraison proprement dite; 2° le cas où la livraison devant être faite chez le débiteur, celui-ci aura consenti à expédier la chose au créancier : la date de l'envoi est ici celle de la spécialisation même; 3° le cas où le débiteur, sans avoir entendu s'engager à faire livraison lui-même ou par des agents dont il reste responsable, s'est cependant expressément obligé à expédier la chose au créancier, auquel cas la date de l'envoi, comme dans l'hypothèse qui précède, réalise la spécialisation de l'obligation; 4° le cas où le créancier est en demeure, ce qui équivaut aussi à spécialisation.

En réalité, cette formule n'est que le développement et la mise au point du système d'Ihering dont le mot d'ordre pouvait paraître un peu sommaire : rattacher la spécialisation à la livraison seulement, c'est d'abord parler de spécialisation de l'obligation juste au moment où l'obligation cesse d'exister. c'est ensuite ne voir qu'une face de l'exécution possible de l'obligation. Il est des cas où le débiteur est obligé, non à livrer lui-même. mais, si l'on peut ainsi dire, à mettre en mouvement la livraison : il lui suffit d'expédier. Expédition n'est pas livraison, de sorte que la vraie formule, conforme au système d'Ihering, était de d're comme le nouveau Projet, que la spécialisation s'opère par l'exécution même de ce à quoi le débiteur était strictement obligé.

8. — *Dette d'argent.* — Art. 208 et 209 [12]. Parmi les dettes de genre. la dette d'argent est la plus fréquente. L'ancien Projet prévoyait le cas où la convention eut désigné une monnaie étrangère au lieu de la monnaie ayant cours dans le pays où la dette doit être payée. L'article 215 portait que le débiteur *devait* payer en monnaie du pays. Tout le monde avait critiqué cette obligation qu'on lui imposait (1).

Il est d'usage, dans le commerce, qu'en pareil cas le débiteur ait le choix. On lui permet de payer en monnaie du pays, sauf la différence du change, à moins bien entendu que la convention porte explicitement qu'il doive fournir la monnaie étrangère

---

Art. 208 (215). *Lorsqu'une dette d'argent sera payable dans l'intérieur de l'Empire et que le chiffre en aura été fixé en monnaie étrangère. le payement pourra toujours en être fait en espèces ayant cours dans l'Empire, à moins que l'on ait fait du payement en monnaie étrangère une condition expresse du contrat.*

La conversion en valeur nationale se fera d'après le cours du change servant de cours officiel pour le lieu où le payement doit se faire et à l'époque de l'échéance.

Art. 209 (216). — *Si une dette d'argent doit être payée en une monnaie déterminée laquelle se trouve n'avoir plus cours à l'époque du payement, le payement s'effectuera comme si cette monnaie n'avait pas été fixée.*

(1) Cf. Koch, Geld und Werthpapiere (dans *Bekker und Fisher Beiträge*), p. 15.

désignée au contrat (art. 336, C. comm. all.). Il n'y a guère que notre Code de commerce français (art. 143) qui, en matière de lettre de change, en soit pour l'exécution rigoureuse du contrat [1].

Mais ce choix, qui est une faculté laissée au débiteur, ne doit pas devenir pour lui une obligation, et c'est ce que paraissait dire l'ancienne rédaction. La nouvelle ne dit plus que le débiteur *doit*, mais qu'il *peut* payer en monnaie du pays ; et encore réserve-t-on le cas de convention contraire expresse.

9. — *Dette d'intérêts.* — Art. 210 [12]. La dette d'intérêts avait été prévue par l'ancien Projet, en tant qu'il s'agirait d'intérêts non fixés par la convention, et le taux était alors de 5 p. 100. De différents côtés on a critiqué ce chiffre que l'on trouvait beaucoup trop élevé par rapport au taux actuel des placements. On proposait au moins de l'abaisser à 4 p. 100, sauf, si l'on tenait absolument à prévoir l'éventualité d'une surélévation des intérêts courants, à permettre à l'Empereur de fixer, pour l'intérêt légal, un chiffre plus élevé par voie d'ordonnance approuvée par le *Bundesrath* [2]. La nouvelle commission a cependant maintenu l'ancien taux, que la majorité, paraît-il, des chambres de commerce avait approuvé. On a surtout voulu tenir compte du cas où

Art. 210 (217). — *Lorsque, d'après la loi ou la convention, une dette est productive d'intérêts, les intérêts, à défaut de toute autre désignation à cet égard, seront servis au taux de 5 p. 100 par an.*

Art. 211 (217 et 358, § 1). — *Le taux des intérêts est laissé à la libre convention des parties, sous réserve des dispositions des lois d'Empire sur l'usure qui pourraient y mettre obstacle.*

Si les parties ont convenu d'un taux supérieur à 6 p. 100 par an, le débiteur est autorisé, après une demi-année écoulée, à dénoncer le contrat, sur ces dommes ou créancier, à six mois de date, d'avoir à rentrer en possession du capital. Ce droit ne peut être ni supprimé ni restreint par la convention.

Les prescriptions de ce dernier paragraphe ne sont pas applicables aux dettes souscrites au porteur.

[1] Cf. Lyon-Caen et Renault, *Précis de droit commercial*, t. I, n° 1199, p. 600.

[2] Cf. Koch, *loc. cit.*, p. 19 et dissidents, *loc. cit.*, p. xii.

Le créancier, faute d'être payé à l'échéance, serait obligé de recourir à une caisse de crédit, auquel cas, la plupart du temps, il ne trouvera à emprunter qu'à 5 p. 100. Pour ces différentes raisons, ce chiffre a été maintenu comme devant être celui de l'intérêt légal ; je doute que ces motifs parviennent à désarmer la critique.

Art. 211 [12 et 164]. Quant à l'intérêt conventionnel, dont il était traité en deux dispositions séparées (art. 217 et art. 358), la nouvelle distribution des matières a permis, dans le nouveau Projet, de réunir à la même place les dispositions qui s'y rapportent. D'ailleurs on maintient à cet égard la pleine liberté des parties. Le principe de la liberté de l'intérêt est consacré depuis longtemps déjà en Allemagne ; il date de la loi du 14 novembre 1867, devenue loi d'Empire en 1871.

Seulement, la loi de 1867 réservait au débiteur, pour le cas où il eût accepté un intérêt de plus de 6 p. 100 par an, le droit, après les six premiers mois écoulés, de dénoncer le contrat à une échéance de six mois. Il faut donc pour cela qu'à l'échéance de six mois, à partir de l'avis donné au créancier, il soit en mesure de rembourser, ce qui est rarement à espérer de la part de ceux qui sont la proie des usuriers, à moins que, trouvant à emprunter à un taux inférieur, ils puissent ainsi se libérer d'un emprunt qui les ruine pour y substituer une nouvelle dette moins onéreuse (1).

Cette disposition était assez peu appliquée, dans son intégrité tout au moins, par la bonne raison d'ailleurs que la loi de 1867 réserve aux États particuliers le droit d'en modifier les conditions d'exercice ou même de l'écarter complètement.

Or, dès la première rédaction du Projet, la question s'était élevée de savoir s'il n'y avait pas lieu d'étendre cette disposition à toute l'Allemagne et d'imposer ainsi un droit unique et uniforme sur ce point. Ce droit pour le débiteur de dénoncer le contrat en tant qu'usuraire avait paru en contradiction avec la liberté du taux de l'intérêt ; en tout cas il semblait au moins sage de respecter sur ce point les lois spéciales des États particuliers (2).

(1) On trouvera la traduction, tout au moins de la disposition principale, de la loi de 1867, en note, sous l'article 287 du Code de commerce allemand, dans la traduction du *Code de commerce* par MM. Gide et Lyon-Caen, p. 110, note 4.

(2) *Motive zu dem Entwurfe eines bürgerlichen Gesetzbuches für das deutsche Reich*, t. II, p. 196.

L'avis contraire a prévalu en seconde lecture (1). Il est probable que si cette disposition n'eût pas figuré dans la loi de 1867, on n'eût pas songé à l'introduire dans le Code civil; mais il s'agissait uniquement d'en confirmer l'existence en l'étendant sous une forme unifiée à tous les États de l'Empire. La majorité a fini par se rallier à cet avis. De là l'introduction dans le Projet de Code civil d'une disposition empruntée à la loi encore subsistante du 14 novembre 1867. Elle forme le second alinéa du nouvel article 211, avec exception, comme dans la loi de 1867, pour les dettes souscrites au porteur.

Art. 212 [164]. L'anatocisme, en tant qu'il doit s'entendre de la stipulation d'intérêts relative aux intérêts à échoir, reste prohibé, comme il l'était déjà par l'ancien article 358 paragraphe 2. On y ajoute cependant deux séries d'exceptions dont la principale est en faveur des caisses d'épargne et autres caisses de dépôts, auxquelles il doit être permis de convenir que les intérêts à échoir qui ne seraient pas retirés par les déposants compteraient comme un nouveau dépôt produisant lui-même intérêt.

10. — *Dette d'indemnité.* — Article 213 [13]. Nous arrivons ainsi à la dette d'indemnité qui figurait déjà dans le Projet primitif dans la section relative à l'objet de l'obligation. On sait que le nouveau Projet ne fait plus de distinction entre objet et contenu : il s'agit dans tous les cas de déterminer ce que doit comprendre la prestation.

Le nouvel article 213 reproduit le principe fondamental de

Art. 212 (358, § 2). *Toute convention prise d'avance d'après laquelle des intérêts à échoir devraient porter eux-mêmes intérêts est nulle.*

Toutefois, les caisses d'épargne, établissements de crédit et les banquiers peuvent convenir que les intérêts de sommes déposées qui ne seraient pas retirées après l'échéance vaudraient eux-mêmes comme de nouveaux dépôts produisant intérêts. Les établissements de crédit qui sont autorisés, jusqu'à concurrence du montant des prêts consentis par eux, à émettre des obligations au porteur productives d'intérêts, pourront également, en ce qui touche ces mêmes prêts, se faire promettre par avance un intérêt annuel qui ne dépasse pas 6 p. 100 pour les intérêts qui, après échéance, resteraient impayés.

---

(1) Cf. Reatz, *loc. cit.*, p. 106, note 5.

l'ancien article 219 de la réparation en nature, la réparation en argent n'étant admise qu'à titre subsidiaire.

On aurait pu croire que cette solution strictement logique fût peu en harmonie aujourd'hui avec nos rapports économiques fondés essentiellement sur la valeur d'échange des prestations et transactions de caractère patrimonial. On l'a si bien senti, que le nouveau texte circonscrit dans les plus étroites limites ce droit à réparation en nature.

L'ancien article 219 ne faisait exception en effet à cette règle primordiale que dans les cas où la réparation en nature serait impossible ou qu'elle ne dût fournir qu'une réparation insuffisante au créancier. Le nouveau texte l'exclut également dans l'intérêt du débiteur pour le cas où la restauration de l'état de choses antérieur ne pourrait se faire qu'au prix de dépenses excessives.

Même dans les cas où cette remise en état est possible d'après les conditions qui précèdent, on donne le choix au créancier, mais seulement, il est vrai, s'il s'agit de dommage à une chose matérielle ou d'atteinte corporelle à la personne, entre la répa-

---

Art. 213 (219). Quiconque est tenu d'une dette d'indemnité doit rétablir les choses en l'état où elles seraient si le fait qui a donné lieu à l'action en dommages-intérêts ne fût pas survenu. Dans le cas où il s'agit de dommages pour atteinte corporelle à la personne ou détérioration d'une chose, le créancier peut, au lieu de la réparation en nature, exiger une indemnité en argent fixée à la somme qui lui serait nécessaire pour se la procurer.

Lorsque la réparation en nature n'est pas possible ou qu'elle soit insuffisante à désintéresser pleinement le créancier, celui qui est tenu de la dette d'indemnité doit fournir des dommages-intérêts en argent. Si la réparation en nature n'est possible qu'au prix de dépenses excessives, celui qui est tenu de la dette d'indemnité est autorisé à désintéresser le créancier en argent.

Lorsqu'il s'agit de réparation en nature, le créancier peut fixer à celui qui doit la lui procurer un délai convenable avec signification que, si à l'échéance le rétablissement matériel qui lui est dû n'a pas eu lieu, il le refusera; et si ce rétablissement de l'état de choses n'est pas procuré dans le délai, le créancier peut exiger indemnité en argent : le droit à réparation en nature se trouve par le fait même supprimé.

ration en nature et la réparation en argent; on déclare qu'au lieu
d'exiger de celui qui lui doit réparation le rétablissement matériel de l'état de choses antérieur, il pourra se faire payer la
somme qui lui serait nécessaire pour se procurer lui-même cette
réparation en nature. Enfin, si l'ayant-droit choisit la réparation
en nature, et, d'une façon générale, dans tous les cas où celle-ci
doit lui être procurée, il peut fixer un délai, à condition qu'il
s'agisse d'un délai suffisant, dans l'intervalle duquel la réparation
matérielle devra être fournie, et passé lequel il ne peut plus y
avoir lieu qu'à une indemnité en argent.

Toute cette intéressante réglementation date de la seconde
rédaction.

Art. 214 et art. 215 [13]. Quant à l'étendue de l'indemnité,
elle comprend non seulement la perte réalisée, mais le gain
manqué. L'ancien article 218 le disait déjà; et le gain manqué se
restreint, comme dans le Projet primitif, à celui sur lequel il
était vraisemblable que l'on pût compter.

Seulement le nouveau Projet introduit ici un principe important
qui avait été formellement exclu lors de la première rédaction et
qui constitue une modification tout à fait caractéristique. L'article 215 actuel porte en effet que s'il s'agit de dommages-intérêts
pour inexécution d'une obligation, et l'on voit qu'il s'agit d'un
domaine très circonscrit, le débiteur ne doit réparation que des
dommages qu'en raison des circonstances qu'il connaissait, ou
qu'il aurait dû connaître, il pouvait prévoir. C'est admettre, en
matière d'indemnité pour inexécution d'obligation, le principe de
notre article 1150 du Code civil, qui avait été si franchement
écarté par le premier Projet [1].

Art. 214 (218). *Le dommage à réparer comprend également le
gain manqué.*

*Doit valoir comme gain manqué celui sur lequel on était en droit
de compter d'après le cours naturel des choses ou d'après les circonstances particulières, tels que les préparatifs que l'on avait pu faire ou
les dispositions spéciales que l'on avait pu prendre.*

Art. 215. *Celui qui doit réparation pour inexécution d'une
obligation ne répond pas des dommages dont la prévision, d'après les
circonstances que le débiteur connaissait ou devait connaître, restait
en dehors de toute vraisemblance.*

(1. Cf. *Motive* sur l'art. 218, t. II, p. 18.

Mais tandis que toutes les solutions qui précèdent sont communes à tous les cas d'indemnité quelle qu'en soit la source, cette limitation de la réparation aux dommages à prévoir n'est admise ici que si la dette d'indemnité a son fondement dans l'inexécution d'une obligation ; la question a été formellement réservée pour le cas de dommage provenant de délits ou quasi-délits, et la commission a déclaré vouloir reporter aux délibérations relatives à cette partie du Projet l'examen de la question de savoir s'il y avait lieu de généraliser le nouveau principe.

On avait parlé également de l'exclure, lorsque l'exécution de l'obligation et le dommage qui en résulte proviendrait d'une lourde négligence. Mais on a fait observer avec beaucoup de raison qu'il ne s'agit pas ici d'une atténuation mesurée par le degré de la faute, mais d'une réparation conforme aux prévisions qui sont censées avoir fait l'objet des conventions accessoires ou sous-entendues des parties, donc rentrant dans le contenu de l'obligation (1).

Enfin, il faut remarquer que le nouveau Projet a mis de côté un malheureux texte, l'ancien article 220, qui avait attiré sur lui toutes les rigueurs de la critique. Il portait que s'il y a lieu de fournir indemnité pour la perte d'un objet matériel, il fallait tenir compte non seulement de sa valeur commerciale, c'est la valeur vénale ou objective, mais aussi de la valeur particulière qu'il pouvait avoir pour le créancier, c'est la valeur personnelle, que l'article 220 désignait, en mettant le mot entre parenthèses, sous le terme, qui passait ainsi au rang de formule technique, de valeur extraordinaire, terme emprunté au Code prussien (2). C'est cette désignation surtout que l'on a attaquée (3). Dans le Code prussien, elle correspondait à la théorie aujourd'hui surannée de la gradation des fautes, elle marquait un degré d'évaluation du dommage correspondant à un degré particulier de négligence. Il a donc pu sembler que ce système de gradation ayant disparu, il pouvait être dangereux de lui emprunter un terme qui rentrait dans ses cadres.

---

(1) JECKLIN. *loc. cit.*, p. 858.

(2) Ce terme n'a pas été reproduit dans la traduction de M. Raoul de la Grasserie. On comprend, en effet, qu'il n'ajoutait rien au sens général du texte. V. l'art. 220, dans RAOUL DE LA GRASSERIE. *Projet de Code civil allemand (traduction,*, p. 17.

(3) Cf. SEUFFERT, *loc. cit.*, p. 12.

Il n'en est pas moins vrai cependant que, toute question de terminologie à part, le principe qui constituait le fond de l'article 220 était absolument exact et, si la commission actuelle a cru devoir supprimer l'article, c'est en faisant surtout observer qu'il était inutile, vu que le principe du dommage intégral, formulé par les articles 213 et 214 nouveaux, impliquait l'obligation de tenir compte des convenances personnelles du créancier.

Art. 216 [8]. — En revanche, on a maintenu le principe aujourd'hui si discuté qu'il ne peut y avoir lieu à indemnité que si le dommage est appréciable en argent, sauf exception dans la loi.

Ce qui pouvait, surtout à l'égard de cette disposition, prêter le flanc à la critique, c'est qu'il semble contradictoire, pour le cas où l'obligation à indemnité provienne de la violation d'une obligation, abstraction faite de l'indemnité due à raison d'un délit ou quasi-délit, d'admettre comme le Projet la validité d'une obligation dont l'objet ne soit pas appréciable en argent, et en même temps de refuser aux obligations de ce genre la seule sanction, ou à peu près, qu'elles puissent avoir, le droit de demander des dommages-intérêts au cas d'inexécution.

Il semblait tout au moins que le principe contraire devait être admis d'une façon générale et sans exception en matière de réparation délictuelle. Mais ici encore on a renvoyé à la section des délits civils l'examen de cette question, et le nouveau Projet accepte donc, comme l'ancien, le principe de droit commun du refus d'indemnité pour tout dommage qui ne soit pas un dommage pécuniaire.

Toutefois je remarque dans le nouveau texte un léger changement de rédaction qui ne me paraît pas avoir été suffisamment mis en relief. Tandis que l'ancien article 221 refusait toute indemnité en général, le nouvel article 216 parle uniquement d'indemnité en argent, je crois bien que c'est également ce que voulait dire le premier Projet (1); mais il était bon d'être en effet plus affirmatif. Si donc la réparation en nature était possible, et il est vrai qu'on s'imagine difficilement une réparation

—

Art. 216 (221). — Si le dommage dont il s'agit n'est pas appréciable en argent, on ne peut réclamer d'indemnité en argent que dans les cas fixés par la loi.

(1) V. les motifs sur l'art. 221 *Motive*, t. I, p. 21 et 22.

en nature qui ne représente aucune valeur pécuniaire. quoique cependant la chose ne soit pas absolument invraisemblable ; si donc il en était ainsi, le créancier, d'après le principe de droit commun qui domine toute la théorie de la dette d'indemnité aux articles 213 à 215, aurait droit d'exiger cette réparation matérielle.

Mais ici encore je reviens au cas tout spécial où il s'agit uniquement d'indemnité pour inexécution d'obligation. laissant de côté la réparation pour faute délictuelle. Nous supposons par hypothèse qu'il s'agit d'une de ces obligations que vise indirectement le nouvel article 205, qui sont valables bien qu'ayant pour objet une prestation. ou l'exécution d'un fait. inappréciable en argent ; et alors il importe de ne pas confondre deux choses. le droit de poursuivre l'exécution tant qu'elle est possible. et ce droit le créancier le possède incontestablement puisque l'obligation. même lorsque son objet ne représente en soi aucune valeur appréciable en argent. est valable ; puis. du jour où l'exécution est devenue impossible. le droit à réparation. la réparation devant consister à fournir l'équivalent de ce que l'exécution en nature eût procuré au créancier : mais la réparation n'est plus l'exécution, celle-ci étant par hypothèse supposée impossible : il s'agit donc de réparer le dommage que l'inexecution cause au créancier, et il faut supposer que cette réparation puisse impliquer une restauration matérielle plutôt qu'une indemnité pécuniaire. Cela suppose par conséquent que l'inexécution de l'obligation a produit une détérioration matérielle, une destruction quelconque qui puisse donner lieu au rétablissement en nature de l'état de choses antérieur. avant qu'il soit question de dommages en argent ; or, c'est cette destruction matérielle. et par suite la réparation qui s'y réfère. qu'il est difficile d'imaginer comme ne représentant aucune valeur pécuniaire ou comme n'ayant pour le créancier qu'un intérêt de sentiment ou de pure affection. Il est bien plus facile de supposer l'exécution comme inappréciable en argent que d'imaginer une perte matérielle produite par cette inexécution qui ne représente aucune valeur en argent ; c'est pourquoi il y avait lieu d'insister pour bien montrer que la reconnaissance par le Projet de la validité de ces obligations de pur sentiment ou d'affection n'est pas un vain mot, puisque l'exécution peut toujours en être poursuivie en nature. Seulement c'est au cas d'impossibilité d'exécution, survenue après coup bien entendu. que se produit le défaut de la cuirasse ; il faudrait alors pour que le créancier pût agir que cette inexécution eût produit un état de fait, qui, tout en ne constituant pas une perte pécuniaire, fût cependant susceptible d'une restauration matérielle, et ce sont ces conditions qu'il est difficile de supposer réunies. A défaut de cela, toute réparation en argent est refusée par le motif que l'indemnité en argent est l'équivalent d'une perte appréciable en argent, et que là où l'exécution ne devait procurer aucun bénéfice pécuniaire, il est impossible que l'inexécution ait produit une perte susceptible d'évaluation pécuniaire.

Art. 217. — L'article 217 qui suit n'apporte guère que des modifications de forme aux dispositions de l'ancien article 222 sur le cas de réciprocité de faute. Ce dernier parlait d'une négligence de la partie lésée qui avait concouru à la réalisation du dommage causé par la faute de celui qui en était l'agent direct. Le nouveau texte, au lieu d'une simple négligence *Fahrlässigkeit*, emploie le mot de Faute (*Verschulden*), lequel peut comprendre, en dehors du laisser-faire attribué à la négligence ou à l'imprévoyance, une participation active et peut-être dolosive [1]. Il fallait en effet prévoir le cas où l'individu qui se voit victime d'un dommage en aggrave lui-même l'étendue pour se faire payer une plus forte indemnité. Et c'est d'ailleurs en con-

Art. 217 (222). — *Lorsqu'au cas de dommage il y a eu faute également de la part de la partie lésée, alors même qu'il s'agirait d'un pur fait d'inaction, comme par exemple si celle-ci était en mesure d'empêcher le dommage de naître ou de l'empêcher de s'aggraver et qu'elle ne l'eût pas fait, il faut s'en remettre à l'appréciation des circonstances pour décider s'il y a lieu à indemnité et quelle en sera l'étendue ; et en particulier en tant qu'il s'agit de savoir laquelle des deux parties a eu l'influence prépondérante sur la réalisation du dommage.*

1. Je transcris ici, en regard, le début des deux articles correspondants :

<table>
<tr><td>Ancien article 222</td><td>Nouvel article 217.</td></tr>
<tr><td>Hat bei der Entstehung des von einem Anderen verschuldeten Schadens eine Fahrlässigkeit des Beschädigten, wenn auch nur in Ansehung der Abwendung des Schadens, mitgewirkt, so…</td><td>Hat bei der Entstehung des Schadens, wenn auch nur durch Unterlassen der Abwendung oder Minderung desselben, ein Verschulden des Beschädigten mitgewirkt, so…</td></tr>
</table>

formité avec ce système que le nouveau texte prévoit, à côté du cas où par sa faute la partie lésée a laissé se réaliser le dommage, celui où elle l'aurait laissé s'aggraver.

Le nouveau texte contient encore d'autres petites modifications de détail sans autre importance et laisse à la justice le soin de répartir les responsabilités, de régler d'après cela la question de réparation et de fixer d'après les circonstances la mesure qu'elle doit atteindre.

Art. 218. — Il fallait enfin prévoir le cas où, soit la chose endommagée, soit le droit violé, ne serait pas en la possession directe de celui qui en fût le propriétaire ou le titulaire, et cela par suite de détournement ou de possession irrégulière. C'est au véritable ayant-droit que l'auteur du dommage doit réparation; mais il était juste qu'il eût alors contre le possesseur sans droit, et d'une façon générale contre les tiers, les actions qui eussent appartenu, à l'égard de la chose ou du droit objet du dommage, à celui à qui l'indemnité aura été fournie. L'ancien article 223 déclarait la cession opérée de plein droit par le fait seul de la prestation de l'indemnité ou, d'une façon générale, par le fait seul de la réparation effectuée.

On a vu à cette cession sous-entendue, et s'opérant de plein droit, le gros inconvénient de laisser les tiers incertains sur le moment même où elle se fût réalisée, puisque ce moment eût correspondu à celui où la réparation intégrale se fût trouvée acquise; et encore s'il s'agit d'action réelle, de revendication par exemple, et que l'auteur du dommage n'eût fourni au propriétaire qu'une réparation incomplète, telle qu'une fraction de l'indemnité qu'il lui devait, faudra-t-il diviser entre eux dans les mêmes proportions l'action qui appartient au propriétaire contre le possesseur sans droit, ce qui reviendrait à établir entre le propriétaire lui-même et l'auteur du dommage une véritable copropriété?

Pour éviter toute complication à cet égard, le nouvel article 218 se contente de donner à l'auteur du dommage, une fois réparation fournie, le droit d'obtenir la cession des actions contre les

Art. 218 (223). Quiconque doit réparation au sujet d'une chose ou d'un droit n'est tenu à fournir indemnité que contre la cession des droits et actions qui peuvent appartenir à l'encontre des tiers au bénéficiaire de l'indemnité à fournir, soit à raison de sa propriété sur la chose objet du dommage soit à raison du droit qui lui appartenait et qui a été lésé.

tiers; ou plutôt cette cession devient pour la partie lésée la condition préalable de la poursuite en indemnité, ce qui, sans qu'il soit besoin de recourir à la procédure d'exécution (C. pr. civ. all., art. 774), en assure d'une façon suffisante le bénéfice au débiteur de l'indemnité; et si pour une raison ou une autre cette cession n'avait pas précédé l'accomplissement de la réparation ou le payement de l'indemnité, celui à qui elle est due aurait toujours la ressource de la poursuivre en justice.

De toutes façons, il y aura un acte précis qui fixera les droits de chacun et le moment où ces droits auront changé de titulaire (1).

[13]. Par là se termine toute cette importante section relative aux dommages-intérêts, ou d'une façon plus large à la dette d'indemnité, formule qui m'a paru préférable puisque le principe qui domine ici toute cette théorie est celui de la réparation en nature et que l'indemnité en argent n'est admise, toutes réserves faites sur les exceptions du nouvel article 213, que subsidiairement. Mais je rappelle que toute cette réglementation est établie ici d'une façon générale, quelle que soit la cause d'où provienne l'obligation d'indemnité, délit ou violation d'obligation, ou, suivant le langage aujourd'hui consacré chez nous, qu'il s'agisse de faute délictuelle ou de faute contractuelle : il n'y a à cela d'exception, nous l'avons vu, que pour la réserve du nouvel article 215, relative aux dommages que l'on pouvait prévoir et qui ne s'applique, jusqu'alors tout au moins, qu'aux dommages-intérêts pour inexécution d'obligation. Mais le principe de la réparation en nature est fixé au contraire d'une façon absolument générale, et ce point mérite qu'on y insiste, puisque, s'il se comprend admirablement lorsqu'il s'agit de lésions provenant de délits, il paraît moins facilement admissible si la lésion vient de l'inexécution de l'obligation : ici, lorsque l'exécution en nature n'est plus possible, il semblerait qu'il ne pût être question que d'équivalent pécuniaire. Cependant il est très possible que l'inexécution de l'obligation ait causé une perte ou des dégâts matériels qui puissent être réparés en nature avant qu'il soit question d'indemnité en argent; il s'agira par exemple d'un défaut de soins de la part d'un dépositaire ou de l'administrateur de la chose d'autrui, défaut de soins ou faute positive, qui auront causé une perte ou une détérioration matérielle pour lesquelles une réparation en nature se conçoit à merveille. Ce que je viens de dire

____

(1) Cf. HEATZ, l. c. cit., p. 110, note 10.

du principe de la réparation en nature et de sa généralité d'application, quelle que soit la cause juridique de ladite indemnité, est également vrai de toutes les autres dispositions relatives à cette même matière; et c'est cette généralité de réglementation, abstraction faite de toute différence entre faute contractuelle et faute délictuelle, sous la réserve, encore éventuelle il est vrai, de l'innovation de l'article 215, qu'il fallait une fois de plus mettre en relief.

11. — *Obligation alternative.* **—** Art. 219-222 [9-10]. Suit une série de dispositions relatives à l'obligation alternative, laquelle se trouve ainsi dans le nouveau Projet nettement séparée de l'obligation de genre. Il n'y aurait guère du reste à signaler dans les premiers articles relatifs à cette matière que la suppression

Art. 219 (207). *Lorsque l'obligation a pour objet deux ou plusieurs prestations dont l'une seulement soit à exécuter, le choix dans le doute appartient au débiteur.*

Art. 220 (208). *Le choix se réalise par une déclaration adressée à l'autre par celle des deux parties à qui il appartient.*

(209, § 1). *La déclaration ainsi faite est irrévocable.*

(209, § 2). *La prestation qui aura été choisie est considérée comme ayant été seule dès le début l'objet de l'obligation.*

Art. 221 (210). *Si le débiteur, lorsque le choix lui appartient, n'a pas opté avant la mise en mouvement de la procédure d'exécution, le créancier peut procéder par voie de saisie par rapport à l'une ou l'autre des prestations à son choix. Toutefois, tant que le créancier n'a pas encore reçu livraison pour le tout ou pour partie de la prestation sur laquelle il a fait porter l'instance en saisie, le débiteur peut, en lui fournissant toute autre prestation parmi celles qui restent à sa disposition, se libérer de son obligation.*

Si le choix appartient au créancier, et que celui-ci soit en demeure, le débiteur peut lui enjoindre d'exercer son choix dans un délai convenable qu'il lui aura fixé; et, si le créancier n'a pas opté dans ce délai, le droit de choisir passe au débiteur.

Art. 222 (211). *Si l'une des prestations se trouvait impossible au jour où s'est formée l'obligation ou qu'elle le soit devenue depuis, l'obligation ne porte plus que sur les autres.*

Cette restriction de l'obligation à celles des prestations qui restent possibles ne se produit plus lorsque la prestation qui se trouve être impossible n'est devenue telle que par la faute de celle des deux parties à qui le choix n'appartenait pas.

le quelques longueurs jugées inutiles, ou certaines modifications
de forme sans importance.

Sur un point cependant la commission de révision a apporté
un changement qui mérite de ne pas passer inaperçu.

L'article 211 de l'ancien Projet réglait les conditions d'application de ce qu'on appelle le principe de concentration: il déterminait par conséquent dans quels cas, et à quelles conditions, l'obligation, si l'une des choses formant l'objet de l'alternative vient à périr, se concentre sur celles qui subsistent.

Le Projet avait rejeté le principe du droit prussien d'après lequel, au cas de perte fortuite, celle des deux parties à qui le choix appartient ne serait plus obligée de restreindre son choix aux choses qui subsistent : bien entendu il pourrait opter pour l'une d'elles, mais aussi pour celle qui a péri, c'est-à-dire pour sa valeur pécuniaire. Contrairement à cette solution, le Projet acceptait, à l'exemple du droit français et de la plupart des législations codifiées, que, si l'une des choses vint à périr, le choix se limitât aux autres. C'est en effet la solution qui se rapproche le plus des prévisions supposées des parties (1). Seulement le Projet écartait ce principe de concentration si la perte était due à la faute du débiteur, sans distinguer d'ailleurs selon que le choix appartint ou non à ce dernier.

Cela ne voulait certes pas dire qu'il fût libéré pour cela ou qu'il pût se libérer en offrant le prix de la chose détruite, puisque cette faculté lui est retirée même lorsque la perte est arrivée sans sa faute. Le Projet laissait à l'interprétation le soin de déterminer, suivant les cas, la solution à intervenir et se contentait de renvoyer à l'application des principes généraux sur les conséquences de l'inexécution imputable à faute. Il était sous-entendu par conséquent qu'il y aurait lieu de distinguer suivant que le choix appartint ou non au débiteur; et j'imagine que le Projet, en repoussant dans cette hypothèse l'application forcée du principe de concentration, avait simplement en vue le cas, plutôt exceptionnel il est vrai, de choix laissé au créancier, de façon à réserver à celui-ci le droit d'opter pour la valeur de la chose détruite, du moment que c'eût été la faute du débiteur qui eût mis obstacle à son droit d'option.

Quoiqu'il en soit, tout ceci restait bien obscur et le nouveau texte revient à une rédaction qui se rapproche très sensiblement

<hr>

(1) Cf. DEMOLOMBE, t. XXVI, nos 78-79.

de celle de nos articles 1193 et 1194, bien que conçue en termes un peu plus généraux.

Tout d'abord, à l'exemple de l'article 1193, on ne distingue plus suivant que la perte est due ou non à la faute du débiteur. Si en effet le choix lui appartient, qu'importe qu'il soit responsable de la perte de l'un des objets? Par sa faute il a consommé son choix; il se trouve avoir exercé son droit, et l'on ne voit pas pourquoi, dans cette hypothèse, le créancier pourrait se prévaloir de la perte imputable à faute pour exiger la valeur de la chose détruite.

Le nouveau Projet distingue au contraire suivant que la perte est arrivée ou non par la faute de celui à qui le choix n'appartenait pas. C'est là, en effet, conformément à notre article 1194, qu'est la véritable distinction à formuler. Le fait de celui qui n'avait pas l'option ne peut pas limiter le choix qui appartenait à l'autre et celui-ci doit conserver l'intégrité de ses droits, donc il peut encore opter pour la chose détruite.

Notre article 1194 a le tort de ne prévoir que la perte due à la faute du débiteur lorsque le choix a été laissé au créancier ; mais on pourrait supposer, le choix restant au débiteur, que le créancier fût l'auteur responsable de la perte de l'un des objets prévus par les parties. Bien entendu le choix du débiteur devrait pouvoir porter encore sur la chose détruite. Cela ne fait pas de doute dans notre droit. Mais la formule plus générale du Projet a l'avantage de faire rentrer également cette hypothèse dans sa rédaction.

Si donc le créancier a le choix et que la perte lui soit imputable, la concentration s'opère : il ne pourra plus opter que parmi les choses qui subsistent, ou pour celle des deux qui reste, si deux seulement avaient été désignées. Il a donc par là même exercé son choix. Si au contraire, en pareil cas, la perte était imputable au débiteur, il n'y a plus de concentration forcée, et le créancier peut encore opter pour la chose détruite ; et il ne suffit pas de dire alors, comme notre article 1194, que le débiteur devra le prix de la chose qui a péri : il devra des dommages-intérêts pour inexécution, conformément au principe de la réparation intégrale posé en matière de dette d'indemnité.

Enfin, si l'on suppose le cas normal, c'est-à-dire le choix appartenant au débiteur, et que celui-ci détruise l'une des choses, son choix portera forcément sur ce qui reste, sans qu'il y ait à distinguer s'il est responsable ou non de la perte survenue ;

mais si la perte était imputable au créancier, le débiteur pourrait encore offrir la valeur de la chose détruite (1).

C'est revenir aux solutions du droit français, ou du moins les adopter d'une façon plus formelle que dans la rédaction, absolument confuse et très insuffisante, du Projet primitif.

12. - *Exécution de la prestation.* — Art. 223. Les dispositions qui suivent traitent maintenant de la façon dont la prestation doit être fournie ou exécutée et débutent par ce principe du Projet primitif, dont les termes ont été, cette fois, intégralement respectés, que le débiteur n'est pas autorisé à fournir des prestations partielles.

Cela paraît bien incontestable; on avait cependant proposé d'obliger le créancier à recevoir des prestations partielles, s'il était démontré qu'il n'eût aucun intérêt appréciable à les refuser. On citait des exemples où le payement partiel est admis par la loi, comme au cas de compensation pour une partie de la dette, ou de saisie partielle. Pourquoi, disait-on, ne pas généraliser la règle? La commission a pensé que rien ne serait plus dangereux, et surtout plus favorable à la chicane et à la multiplication des procès frauduleux, que de laisser aux tribunaux le soin de décider si le créancier aurait intérêt ou non à accepter l'exécution par prestations partielles. D'autre part, on a considéré que le refus du créancier de recevoir un paiement incomplet, alors même qu'il n'y manque qu'une fraction peut-être peu importante, n'est pas toujours l'effet d'un mauvais vouloir de sa part, mais le seul moyen qu'il ait, par la menace de saisie, d'obtenir l'intégralité: car, s'il acceptait, jamais ou presque jamais il ne pourrait obtenir l'excédant qui lui resterait dû (2).

Art. 224. On maintient de même, sauf modifications insignifiantes dans les termes, la disposition de l'ancien article 237 sur l'exécution par un tiers, dans les cas où, d'après la nature même de l'obligation, l'exécution ne devait pas exiger l'intervention

---

Art. 223 (228). *Le débiteur n'est pas admis à fournir des prestations partielles.*

Art. 224 (227). *Lorsque la prestation est de celles qui ne réclament pas forcément l'intervention personnelle du débiteur, elle peut tout aussi bien, sans qu'il soit besoin du consentement de ce dernier, être*

(1) Sur tous ces points, voir JECKLIN, *loc. cit.*, p. 854.
(2) Cf. JECKLIN, *loc. cit.*, p. 865.

personnelle du débiteur. Toute personne peut alors la fournir sans le consentement de ce dernier (c. f., art. 1236, C. civ.), et le créancier en principe est obligé d'accepter, sauf cependant si le débiteur y fait opposition. Dans ce dernier cas le créancier pourra refuser la prestation, sans que ce refus le constitue en demeure au point de vue de la loi.

Art. 225 [18]. Quant à la désignation du lieu où doit se faire l'exécution, elle doit être cherchée avant tout, à défaut de conventions expresses à ce sujet, dans les circonstances de l'espèce en cause; et cette formule, complète en elle-même, a paru plus correcte aux nouveaux rédacteurs que le texte un peu plus détaillé de l'ancien article 229. Seulement, on a dû, pour se mettre d'accord avec l'article 343 du Code de commerce, prévenir que le fait par le créancier d'avoir pris à sa charge les frais de transport ne prouve pas nécessairement que le lieu d'exécution soit celui où la chose doit être expédiée.

Bien entendu, on déclare, comme par le passé, qu'à défaut d'indications tirées de la convention ou des circonstances de la cause, l'obligation doit être exécutée au domicile qu'avait le débiteur lorsqu'elle a pris naissance. C'est donc le créancier, en principe, qui doit venir prendre livraison; pour employer notre langage technique, cela revient à dire que toute dette est quérable. A cela cependant il existe une exception, c'est pour la

exécutée par un tiers. Le créancier peut toutefois la refuser si le débiteur fait opposition à son acceptation (1).

Art. 225 (229 et 230, § 1). *Si les parties n'ont pas fixé le lieu d'exécution, et que celui-ci ne ressorte pas des circonstances de la cause, ni en particulier de la nature de l'obligation, la prestation doit être faite au lieu où le débiteur avait son domicile lors de la formation de l'obligation.*

De ce que le débiteur a pris à sa charge les frais de transport, ce fait ne suffit pas à lui seul pour que le lieu où l'envoi doit être fait soit considéré forcément comme étant le lieu d'exécution.

(1) Je donne ici le premier alinéa des deux textes :

<table>
<tr><td align="center">Ancien article 227.</td><td align="center">Nouvel article 224.</td></tr>
<tr><td>*Hat der Schuldner nicht in Person zu leisten, so kann die Leistung auch durch einen Dritten bewirkt werden, ohne dass es der Einwilligung des Schuldners bedarf.....*</td><td>*Hat der Schuldner nicht in Person zu leisten, so kann die Leistung auch ohne seine Einwilligung durch einen Dritten bewirkt werden.....*</td></tr>
</table>

dette d'argent, laquelle doit s'exécuter au domicile du créancier;
on dit qu'elle est portable.

Art. 226 [18]. Mais le nouveau Projet est cependant moins affirmatif que l'ancien en ce qui touche cette exception admise pour les
prestations en argent. L'ancien article 230 avait poussé presque
jusqu'à sa dernière rigueur le principe en vertu duquel la dette
d'argent est portable. Le nouveau texte ne l'accepte plus que
subsidiairement, c'est-à-dire uniquement s'il y a doute sur l'intention des parties; et en cela il est en harmonie avec l'article 325
du Code de commerce qui fait de la désignation du lieu du payement en matière de dettes d'argent, comme lorsqu'il s'agit de
toute autre prestation, une disposition interprétative de la volonté des parties, tandis que le Projet primitif semblait y voir
une prescription impérative (1). Du reste, on peut voir aussi une
référence directe à cette disposition du Code de commerce dans
le paragraphe final du nouveau texte qui réserve expressément
l'application des prescriptions législatives relatives à la détermination du lieu d'exécution en cette matière. Sans doute cela fait
allusion avant tout à l'hypothèse, dont il va être question, d'un
changement de domicile de la part du créancier, et l'on veut dire
que ce changement de domicile ne porte pas atteinte au principe
qui vient d'être posé que, dans le doute, les parties doivent être
considérées comme ayant voulu que la dette fût exécutée au
domicile quel qu'il fût du créancier; mais la généralité des termes
permet, en outre, d'y voir une consécration des différents textes
relatifs à la désignation du lieu d'exécution en matière de dette
d'argent et parmi lesquels il faudrait compter, comme étant le
plus important, l'article 325 du Code de commerce.

Pour le cas où le créancier change de domicile après coup, on

---

*Art. 226 (230, § 2). Lorsque la prestation consiste en payements
en argent, et qu'il y ait doute sur le lieu d'exécution, le débiteur doit
à ses frais et à ses risques faire parvenir la somme au créancier à
son domicile. Lorsque postérieurement à la formation de l'obligation
le créancier vient à changer de domicile, et qu'il en résulte un ac-
croissement de frais ou de risques pour le débiteur chargé de l'envoi,
le créancier doit dans le premier cas prendre à sa charge la surélévation de dépense et dans le second supporter les risques intégralement. Les prescriptions relatives au lieu d'exécution continuent à
recevoir leur application.*

(1) Cf. Bertz. loc. cit., p. 114. note 15.

sait, je viens de le dire. que c'est encore à ce nouveau domicile
que la dette doit être exécutée; mais l'ancien texte mettait alors,
sans distinction, les frais et risques d'envoi à sa charge. Le nouveau n'en décide ainsi que s'il y a aggravation des frais et des
risques; et encore, même dans ce cas, non il est vrai pour ce qui
est des risques qui ne sont pas chose divisible. mais pour les
frais. il ne met à la charge du créancier que l'excédant de dépense par rapport à ce qu'eût coûté l'envoi de la somme à la première destination. Or, ceci s'appliquera rarement, puisque, pour
les envois par la poste, les frais n'augmentent pas en général
suivant les distances; tout au moins jusqu'à la somme de
400 marcks, en Allemagne, les frais d'envoi par la poste sont les
mêmes (1).

On avait voulu enfin introduire ici une exception visant les
payements à faire par les caisses publiques, lesquelles. en
général, n'envoient pas à domicile et ne payent qu'à leur guichet.

Mais comme il y a sur ce point des lois spéciales pour les États
qui ont consacré ce privilège, on se contentera, paraît-il. lors de
la promulgation du Code civil. d'en réserver l'application. sans
qu'on ait cru nécessaire de faire de ce principe une loi générale
pour tout l'Empire, puisqu'il y a certains États chez lesquels il
n'existe pas (2); et d'autre part. cette uniformité d'application
eut été en contradiction avec la règle nouvelle qui fait de la
désignation du lieu d'exécution. même en matière de dette d'argent, la consécration uniquement des usages et par suite de
l'intention des parties.

On peut aussi considérer que c'est à ces exceptions résultant de lois spéciales pour les États particuliers que fait allusion
le dernier alinéa du texte sur la réserve expresse des dispositions
de lois relatives au lieu d'exécution. Elle s'appliquerait donc ainsi,
d'abord à la disposition principale du texte du Code civil sur la
désignation du domicile du créancier comme lieu de payement,
et cela en dépit de tout changement de domicile postérieur à la
naissance de l'obligation; puis à la consécration des dispositions
du Code de commerce sur la matière, et enfin. au maintien des
lois spéciales des États particuliers sur les payements à effectuer
par les caisses publiques.

(1) Jecklin, *loc. cit.*, p. 869 et note 6.
(2) Reatz. *loc. cit.*, p. 114, note 14.

Art. 227. L'époque du payement est également laissée à la convention des parties. Le nouvel article 227 ajoute qu'elle peut aussi résulter des circonstances. Mais si, ni la convention ni les circonstances, ne permettent d'en préciser le terme, l'exécution peut être poursuivie immédiatement, de même que le débiteur peut la fournir sans plus attendre.

Toutefois, s'il existe un délai, bien que le créancier ne puisse poursuivre avant terme, le débiteur pourra toujours se libérer sans attendre l'expiration du délai et dès qu'il le voudra, le tout sauf intentions contraires, expresses ou présumées.

On avait proposé de n'admettre la libération anticipée que si le terme avait été accepté dans le seul intérêt du débiteur. Mais cette solution eût impliqué, à la charge de ce dernier, pour qu'il pût s'exécuter avant terme, la preuve préalable de cette condition, et la commission a pensé, puisque la solution qu'elle donne, n'a qu'une valeur subsidiaire, pour les cas douteux, que cette dernière réserve était suffisante et la seule véritablement pratique. Cela revient en somme à présumer que dans le doute le terme est toujours dans l'intérêt du débiteur et que c'est au créancier, pour avoir droit de refuser des offres anticipées, à prouver que la convention a entendu enlever au débiteur le droit de se libérer avant terme. En réalité, c'est bien la solution qui répond le mieux aux usages courants et aux nécessités pratiques.

Art. 228. Toutefois il fallait prévoir, ce qu'on avait omis dans la première rédaction, le cas où le jour choisi pour l'exécution, ou encore le dernier jour du terme, tombât un jour férié; et dans

---

Art. 227 (231). Si aucune époque n'a été fixée pour la prestation et que les circonstances de la cause ne permettent pas de lui assigner un terme précis, celle-ci peut aussitôt être poursuivie ou exécutée.

Si un terme a été fixé, en cas de doute, on doit présumer que le créancier ne peut exiger l'exécution avant qu'il soit échu, mais que le débiteur peut la fournir à quelque moment que ce soit avant l'arrivée du terme.

Art. 228. Si le jour fixé pour l'exécution, ou le dernier jour du délai accepté pour la fournir, tombe un dimanche ou un jour qui soit jour férié d'après les lois de l'État dans lequel se trouve le lieu d'exécution, on doit admettre, au cas de doute, qu'il faille lui substituer le jour de semaine qui suit immédiatement.

— 37 —

ce cas on lui substitue le jour de semaine qui suit immédiatement.

Art. 229. Quant au payement anticipé, le nouveau Projet
répète ce que disait déjà l'ancien (art. 232), que, s'il s'agit de
dette non productive d'intérêts, le débiteur qui a devancé le
terme n'a pas le droit de retenir l'*interusurium*.

13. *Droit de rétention.* — Art. 230-231 [19-22]. Nous arrivons ainsi au droit de rétention, qui formait dans le Projet la
seconde section du titre relatif au contenu de l'obligation. Il
rentre en effet dans les droits qui appartiennent au débiteur à
propos de l'exécution de la prestation qui lui incombe : il s'agit
du refus légitime d'exécution. Le nouveau Projet lui a gardé la
même place sans lui donner un titre à part, puisqu'il a supprimé
toutes les subdivisions et sous-titres à propos de la matière qui
nous occupe, et qui est celle du contenu de l'obligation.

La commission de révision a maintenu sur ce point tous les
principes fondamentaux du premier Projet. Un seul point avait été
sérieusement contesté, l'extension donnée au droit de rétention.

*Art. 230 (233). Lorsque, en vertu même du rapport de droit qui sert
de fondement à son obligation, le débiteur a contre son créancier une
créance actuellement échue, il peut alors, autant du reste que de sa
propre obligation ne résulte pas une solution différente, refuser
d'exécuter ce à quoi il est tenu, jusqu'à ce que la prestation qui lui est
due lui ait été fournie (droit de rétention). Le même droit appartient
à celui qui, étant obligé à la restitution d'une chose matérielle, a une
créance actuellement exigible pour dépenses faites à propos de cette
chose ou à l'occasion d'un dommage que celle-ci lui ait causé, à
moins qu'il s'agisse d'une chose qu'il ait acquise par un procédé illi-
cite dont il soit responsable.*

*Le créancier peut écarter l'exercice du droit de rétention en four-
nissant des sûretés suffisantes ; il ne le pourrait pas si en guise de
sûreté il offrait une caution.*

*Art. 231 (234, § 1). Lorsque le débiteur, à l'encontre de la poursuite
du créancier, oppose le droit de rétention, le seul effet qui en résulte
est que le débiteur doive être condamné à exécuter la prestation qui
lui incombe contre réception seulement de celle qui se trouve lui être
due (exécution donnant donnant).*

*En vertu de ce jugement, le demandeur peut encore, sans payer ce
qu'il doit, poursuivre par voie d'exécution forcée ce qui lui est dû,
lorsque le défendeur se trouve constitué en demeure de recevoir.*

On l'admettait, en effet, pourvu qu'il y eût connexité, quelle que fût la nature de la prestation à fournir, qu'il s'agit d'une chose à restituer ou de sa propre chose à livrer, même d'un fait à accomplir ou d'un fait à subir. On généralisait de la façon la plus large le principe d'équité auquel le droit romain avait fourni pour sa mise en application l'exception de dol.

Cependant, même les Codes les plus récents (1) ne prévoient que le cas de restitution d'une chose n'appartenant pas au débiteur. C'est en effet le cas le plus fréquent, et le Projet de Code civil allemand a voulu le prévoir tout spécialement et lui faire en quelque sorte une place à part; mais il lui a semblé que l'équité exigeait la généralisation la plus absolue du principe et, par suite, l'extension du droit de rétention à toute espèce d'obligation, quel qu'en fût l'objet, pourvu que le débiteur fût lui-même créancier d'une dette connexe à la sienne. Seulement, on a fait remarquer que si la prestation était purement négative, consistant dans le laisser-faire et non dans une action à exiger du débiteur, le droit de rétention devant avoir ici pour effet de permettre au débiteur de s'opposer à la réalisation du fait qu'il devait subir de la part du créancier, le terme même de droit de rétention serait alors tout à fait inexact; aussi, pour faire droit à cette observation, le nouvel article 230 déclare le débiteur autorisé à différer la prestation, formule qui prend alors une complexité suffisante; et d'ailleurs, pour éviter à l'avenir la répétition d'une périphrase analogue, on a soin d'indiquer entre parenthèses que ce droit de refus provisoire d'exécution correspond au terme technique de droit de rétention (2).

Quant aux effets de la rétention, ce sont ceux admis dans la première rédaction. Seulement, tandis que celle-ci procédait par voie de référence, le nouvel article 231 décrit ici même, sans autre renvoi, quel résultat va se produire. En somme, la conséquence du droit de rétention sera de traduire dans la procédure ce lien de connexité qui existe en fait entre les deux créances; et les choses se passeront alors comme s'il s'agissait des deux prestations réciproques résultant d'un contrat synallagmatique. En pareil cas, celle des deux parties qui est actionnée par l'autre ne peut être condamnée à exécuter que si le demandeur exécute en même temps l'obligation qui lui incombe; c'est l'exécution conco-

(1) Voir par exemple le *Code fédéral des obligations*, art. 224.
(2) Cf. BRATZ. *loc. cit.*, p. 115, note 16; et JECKLIN, *loc. cit.*, p. 890.

mitante, donnant donnant, que le Projet appelle exécution trait
pour trait. L'effet du droit de rétention sera donc exactement le
même; les détails donnés par le nouvel article 231 ne sont que
le développement logique de cette idée.

14. — *Impossibilité d'exécution et responsabilité.* — [15-17. 23
et suiv.]. Le Projet révisé, suivant l'ordre primitivement adopté,
traite, après le refus légitime d'exécution, de l'impossibilité
d'exécution, mais cette fois sans scinder la matière. L'ancienne
rédaction avait séparé la faute du cas fortuit ; la nouvelle, sans
employer ces termes consacrés, traite dans le même groupe de
dispositions de l'impossibilité qui libère le débiteur, c'est celle
survenue sans faute, et de l'impossibilité qui engage au contraire
sa responsabilité et qui constitue l'une des sources, non la seule,
de l'obligation d'indemnité dont il a déjà été question. On a vu,
pour ce qui est de cette dernière, quelle était son étendue ; il
faut savoir maintenant dans quel cas, à propos d'inexécution
d'obligation, elle prend naissance : cela répond à la détermination de l'idée de faute.

Art. 232 [24]. L'ordre logique est de définir l'impossibilité et
d'en décrire les effets. L'article 232, reproduisant à peu près
l'ancien article 237, indique l'effet normal de l'impossibilité
d'exécution, à savoir la libération du débiteur. La prestation
devenant impossible après la naissance de l'obligation, le débiteur est libéré. Mais de quelle impossibilité s'agit-il et à quelles
conditions s'opère la libération? Deux questions auxquelles l'ensemble des dispositions du Projet sur la matière va donner la
réponse.

Tout d'abord, l'article 232, supposant l'exécution devenue impossible, semble bien indiquer, par le fait même, qu'il s'agit
d'impossibilité absolue, ce que l'on appelle l'impossibilité objective. Il ne suffit pas que le débiteur soit devenu hors d'état de
l'accomplir ; car, si en pareil cas la prestation pouvait encore
être exécutée par une autre personne, on ne pourrait pas dire
qu'elle fût impossible. Puis cette valeur technique du terme
d'impossibilité (*Unmöglichkeit*) résulte bien encore *a contrario* de
l'article 235, qui traite à part de l'impossibilité purement relative,

Art. 232 (237, § 1). *Le débiteur est libéré de son obligation d'exécuter la prestation dès que celle-ci est devenue impossible par suite
d'une circonstance survenue après la formation du rapport obligatoire et qui ne lui soit pas imputable.*

qu'il appelle la mise hors d'état du débiteur (*Unvermögen des Schuldners*), pour l'opposer à l'impossibilité qui frappe la chose elle-même et qui la rend en soi irréalisable. Il est vrai que l'observation qui précède est presque purement théorique ; car, si, en principe, la nouvelle rédaction, comme l'ancienne, parait ne s'attacher qu'à l'impossibilité objective, en fait nous verrons par la règle même admise en matière d'impossibilité subjective par l'article 235 que c'est plutôt la règle inverse qui doit être cette fois posée en principe. Il faut remarquer en outre que le nouveau texte ne distingue plus, comme l'ancien, entre l'impossibilité temporaire et l'impossibilité définitive. Il résulterait en effet des principes que la libération du débiteur dût se mesurer à l'impossibilité elle-même, en ce sens que, si cette dernière n'est que temporaire, la libération du débiteur consistera uniquement à l'exempter d'exécution immédiate sans qu'il courre le risque d'être par là même constitué en demeure.

Art. 233 [15]. A la suite de cette déclaration de principes, le Projet établit les conditions de la libération, ce qui revient à déterminer celles de l'imputabilité, puisque là où il y a imputabilité la libération ne se produit plus. Il va donc fixer ainsi la limite entre la responsabilité qui libère et celle qui engage le débiteur: en d'autres termes, entre le cas fortuit et la faute, matière que la première rédaction avait séparée, assez inexactement du reste, des dispositions relatives à l'impossibilité d'exécution.

Il s'agissait de déterminer exactement de quoi le débiteur devait répondre. L'ancien article 224 s'était contenté d'expressions très générales, parlant de faute intentionnelle et de faute par négligence. Il pouvait en effet rester dans ces généralités

<hr>

Art. 233 (224, § 1-2°, et 144, § 1). *Le débiteur doit, autant qu'il n'en a pas été convenu autrement, répondre du fait intentionnel et de la faute qui consiste à n'avoir pas pris les soins exigés en rapports d'affaires (négligence proprement dite). Les prescriptions des articles 708 et 709 (Projet n° 1) sont applicables à cette hypothèse.*

(145). Dans le cas où le débiteur ne répond que des soins qu'il apporte à ses propres affaires, il reste tenu de sa négligence grossière.

(225) Le débiteur ne peut être déchargé par avance de sa responsabilité pour faute intentionnelle.

parce que la notion technique de la négligence avait été donnée dans la partie générale du Projet, à l'article 144. A la seconde lecture on a trouvé que cette définition légale devait être renvoyée à la partie relative aux obligations, et c'était alors au nouvel article 233 qu'il appartenait d'en fixer les termes.

L'ancien article 144 de la partie générale du Projet s'était contenté de la conception traditionnelle du bon père de famille. Il définissait la négligence le fait de manquer de la vigilance et des soins d'un bon chef de maison, pris dans les conditions normales de la vie, ce qu'il appelle le bon père de famille de type courant.

C'était déjà exclure toute considération purement personnelle à l'agent lui-même et rejeter l'idée d'une négligence mesurée aux habitudes de vie de l'individu en cause (1).

Le nouvel article 233 accentue plus encore ce caractère objectif de la responsabilité et laisse de côté cette fois l'expression un peu vieillie de bon père de famille, pour se placer au point de vue un peu différent de la sécurité des relations commerciales. Il définit la négligence le fait de ne pas donner à la chose la vigilance exigée dans les rapports d'affaires. C'est encore un type abstrait qu'il faut construire, c'est le type du loyal commerçant au sens large du mot, substitué à celui du bon administrateur, et la différence est facile à saisir.

Le type du bon père de famille reste une conception individualiste ; on ne se place qu'au point de vue des soins qu'il donne, ou plutôt qu'il est censé donner, à ses affaires privées. On n'exige pas de lui qu'il prenne en considération l'intérêt d'autrui. L'intérêt d'autrui n'est sauvegardé qu'autant qu'il se confondrait avec l'intérêt personnel du débiteur, à supposer que la chose lui appartint ou que la prestation qu'il doit le regardât personnellement.

Le type du loyal commerçant est une conception qui sort du cercle des préoccupations unilatérales pour tenir compte de l'intérêt d'autrui pris sous sa forme concrète. Le débiteur n'est pas seulement astreint à exécuter le marché comme il le ferait pour son compte si ce fût lui qui dût en profiter, mais il doit tenir compte, autant que la nature de l'obligation a dû les lui révéler, des considérations personnelles au créancier, et exécuter le marché, non plus comme il l'exécuterait si c'était pour lui,

(1) Cf. GRUTZMANN, dans *Sächsisches Archiv*, t. I, 12e fasc., 1892, p. 777.

mais comme l'exécuterait son créancier lui-même s'il était à sa place, et la formule est très différente.

Il ne s'agit pas à coup sûr pour le débiteur d'aller au-devant de l'intérêt du créancier et d'en rechercher l'étendue en dehors même de l'interprétation évidente du contrat, mais de tenir compte de ce que lui révèle à ce point de vue la convention loyalement interprétée et d'en diriger l'interprétation non pas dans un sens purement individualiste, ce qui est le fait de celui qui s'en tient à son droit strict, mais dans un sens de réciprocité de bons procédés, tel que l'exige l'usage des transactions commerciales.

Le type du bon père de famille ne l'oblige pas à sortir de ses habitudes ordinaires dès qu'il a les habitudes d'un bon administrateur; dès que, pour employer une expression qui n'est que trop courante, il fait comme pour lui, à supposer bien entendu que le « faire comme pour soi » s'applique dans l'espèce à un administrateur soigneux et diligent et réponde au type abstrait du bon chef de maison, et non au type individuel et concret fourni par les habitudes personnelles du débiteur.

Le type du loyal commerçant l'oblige à rechercher dans l'interprétation de l'obligation l'intérêt particulier du créancier et à veiller à remplir son obligation en vue de cet intérêt particulier, alors même que cela dût dépasser le « faire comme pour soi », qui correspond au type du bon administrateur; donc, à agir, non plus seulement comme un bon père de famille qui ne connaît que le cercle de ses intérêts personnels, mais comme un homme habitué aux affaires et qui a conscience de ce que se doivent réciproquement, pour la sécurité des relations commerciales et le crédit qui en résulte, les parties qui entrent en rapport de transactions les unes avec les autres.

L'article 234 se termine en reproduisant, ou à peu près, ce que disait l'ancien article 145 de la partie générale du Projet, que dans les cas où le débiteur ne doit répondre que du soin qu'il donne à ses propres affaires, cas de responsabilité subjective, cela n'exclut dans aucun cas la responsabilité pour négligence grossière, ce que nous appelons généralement la faute lourde.

Et, de même que, suivant l'article 233, la mesure de la responsabilité peut être ainsi restreinte, de même peut-elle être aggravée jusqu'à devenir une véritable obligation de garantie; c'est ce que laisse entendre le début du texte qui déclare n'éta-

— 43 —

blir qu'une disposition subsidiaire, pour le cas où les parties
n'ont pas réglé d'avance les conditions et l'étendue de la responsabilité (1).

Mais, si large et si complète que soit la liberté des parties
pour grossir ou restreindre la mesure de la responsabilité, elle
ne peut aller jusqu'à libérer par avance des suites de l'inexécution volontaire.

[16]. L'ancien article 225 le disait déjà, le nouvel article 233
le répète à nouveau ; et, en parlant, comme le faisait déjà l'ancien texte, de la faute intentionnelle exclusivement, on a voulu
laisser entendre que, cette limite exceptée, toutes les clauses de
non responsabilité restaient libres, même celles qui viseraient
la négligeance la moins excusable (2), et encore cette limite
d'exception en matière de faute volontaire va-t-elle sur un point
se trouver supprimée : c'est lorsqu'il s'agit de la faute volontaire
d'un agent ou d'un employé, laquelle reste personnelle à l'agent
sans constituer un fait d'intention de la part du maître dont la
responsabilité peut se trouver en cause. C'est ce que nous allons
voir en parlant de la responsabilité pour autrui.

Art. 234 [17]. — Le nouveau Projet ne change rien aux solutions admises en matière de responsabilité pour autrui ; mais il
accentue davantage encore à ce sujet le principe de la libre
admission des clauses de non responsabilité. Remarquons tout
d'abord que les fautes de ses subordonnés, dont le maître,
employeur, ou patron, doit répondre sont déterminées par la
mesure même de la responsabilité qui lui incombe. L'agent qui
est sous les ordres du débiteur, ou son représentant légal, doivent donc réaliser, pour eux et quant à eux, ce type commercial
de l'homme d'affaires vigilant et loyal dont il a été parlé plus
haut, comme le débiteur devrait le réaliser lui-même s'il faisait
l'exécution en personne. Et de même, si sa propre responsabilité est atténuée ou aggravée, c'est d'après cette mesure de

———   - - -

*Art. 234 (224, § 2). — Le débiteur doit répondre des fautes de son
représentant légal ou des personnes dont il se sert pour l'accomplissement de son obligation dans la mesure où il en répondrait s'il
s'agissait de fautes qui lui fussent personnelles. La disposition de
l'article 233, § 3, n'est pas applicable à cette hypothèse.*

(1) Cf. JECKLIN, *loc. cit.*, p. 863.
(2) Cf. REATZ, *loc. cit.*, p. 117, note 17.

responsabilité qui lui est personnelle que l'on appréciera s'il y a faute ou non de l'agent qui le représente. Seulement ce qu'il importe de remarquer ici, c'est que, tandis que le débiteur ne peut se décharger par avance de sa faute intentionnelle, il peut stipuler la non responsabilité pour l'inexécution volontaire de ses agents; en d'autres termes, la prohibition des clauses d'irresponsabilité pour dol ou faute intentionnelle n'est plus admise s'il s'agit de responsabilité pour autrui; et la raison en est facile à saisir, c'est que le dol de l'agent n'implique pas dol du patron. Or, ce qui est interdit, c'est de stipuler l'irresponsabilité de son dol personnel; il n'y a plus rien d'immoral à se décharger du dol d'un autre, pourvu que celui-ci en reste tenu vis-à-vis de la partie lésée.

Art. 235 [24]. — Nous savons quand et à quelles conditions l'impossibilité d'exécution libère le débiteur : on supposait jusqu'alors qu'il s'agit d'impossibilité absolue au sens objectif du mot, la chose étant devenue impossible en soi. Or l'article 235 va parler de l'impossibilité relative, c'est-à-dire simplement personnelle au débiteur. L'exécution en soi reste possible, mais le débiteur est dans l'impossibilité, absolue quant à lui, de la réaliser.

L'ancien article 237 se taisait sur cette hypothèse, n'admettant de libération pour impossibilité personnelle au débiteur, que s'il s'agissait de la livraison d'un objet individuellement déterminé, donc d'un corps certain. Cette exception mise à part, il semblait bien que la libération ne dût être acquise que par l'impossibilité absolue au sens objectif du mot.

L'article 235 actuel pose carrément le principe contraire, puisqu'il assimile l'impossibilité personnelle à l'impossibilité absolue.

Dès lors, il devait s'exprimer sous une forme qui fût l'opposé de la première rédaction.

Art. 235 (237, § 2). — *Si le débiteur se trouve mis hors d'état d'exécuter la prestation, alors même qu'elle soit encore possible en soi, cette mise hors d'état du débiteur équivaut à l'impossibilité d'exécution. Si l'objet dû n'est déterminé que par son espèce, le débiteur, tant qu'il reste possible de fournir un objet de l'espèce désignée, alors même qu'il soit devenu hors d'état de le fournir, répond de cette impossibilité personnelle, encore qu'il n'y ait de sa part aucune faute qui lui soit imputable.*

L'ancien article 237 excluait en principe la libération pour impossibilité purement personnelle; il devait donc indiquer seulement les cas où par exception cette impossibilité personnelle serait une cause de libération, et il cite alors et uniquement l'hypothèse où l'obligation consiste à livrer un corps certain.

Le nouvel article 235, admettant juste le principe contraire, celui de l'assimilation juridique des deux sortes d'impossibilités, devait indiquer à l'inverse dans quel cas l'impossibilité purement subjective ne serait plus une cause de libération, et il cite uniquement celui des dettes de genre.

L'ancien article 237 n'avait pas à parler des dettes de genre puisqu'elles rentraient sous l'application de la règle que l'impossibilité purement personnelle ne doit pas libérer le débiteur.

Et le nouvel article 235, qui à l'inverse ne fait aucune allusion aux dettes de corps certain que vise avant tout le principe de l'assimilation juridique des deux impossibilités, devait prévoir spécialement l'hypothèse de l'obligation de genre, puisqu'elle échappe à cette assimilation.

Reste à voir si cette différence de rédaction, qui constitue à l'apparence un changement presque radical, doit conduire au fond à des résultats pratiques aussi nettement opposés.

Il faut distinguer pour cela suivant qu'il s'agit de la prestation d'un objet matériel ou d'un fait à accomplir, et je fais rentrer dans cette dernière hypothèse le cas d'un travail à exécuter.

S'il s'agit de livraison d'objet, et il faut admettre que cela vise un objet supposé existant au jour de la naissance de l'obligation, sinon le cas rentrerait dans celui d'un travail à accomplir, ou bien l'objet a été individuellement spécialisé, le débiteur devant livrer tel objet déterminé et pas un autre, ou bien il n'est désigné que par son espèce.

Dans cette hypothèse l'ancienne et la nouvelle rédaction fournissent des solutions à peu près identiques.

Si l'obligation est de corps certain, l'ancien article 237 déclare formellement qu'ici l'impossibilité simplement subjective suffira à la libération du débiteur et le nouvel article 235, qui n'en parle pas, laisse cette hypothèse sous l'application du principe qu'il pose, en vertu duquel la libération est acquise, soit que le débiteur se soit trouvé personnellement dans l'impossibilité d'exécuter, soit que l'exécution en elle-même soit devenue irréalisable.

Donc, en vertu de l'un ou l'autre texte, l'impossibilité purement relative au débiteur suffit à entraîner sa libération si l'obligation consiste à livrer un corps certain. Seulement remarquons que cette impossibilité subjective se présentera assez rarement, parce que s'agissant de corps certain cela suppose en général que l'objet est en la possession du débiteur, et l'on imagine difficilement des hypothèses où, la livraison restant possible en soi, le débiteur serait devenu incapable de l'effectuer. Bien entendu, il faut écarter toutes les hypothèses de pertes matérielles, lesquelles correspondraient à l'impossibilité absolue au sens objectif du mot; il ne faut pas songer non plus au cas où la chose eût été mise hors du commerce, car c'est également un cas d'impossibilité objective, juridiquement parlant; de sorte qu'il n'y a guère à prévoir que celui d'incapacité juridique dont ait été frappé le débiteur.

A supposer que l'objet dû se trouvât en la possession d'un tiers, on pourrait croire que les cas d'impossibilité subjective distincte de l'impossibilité absolue fussent plus faciles à imaginer: nous allons voir, en parlant de l'obligation de genre, à propos de laquelle cette hypothèse se présente fréquemment, que ce serait le plus souvent une méprise.

Le principe en effet, lorsqu'il s'agit d'obligations de genre, est que le débiteur n'est pas libéré par cela seul qu'il est par lui-même incapable de livrer une chose de l'espèce promise, du moment qu'il existe encore des choses de cette espèce qui puissent être fournies au créancier. Cela résulte, dans l'ancien article 235, du principe général sur l'exclusion, qu'il admet, de l'impossibilité purement relative comme mode de libération du débiteur; et cela résulte, dans l'article 235 de la rédaction actuelle, de l'exception expresse formulée en ce qui touche les dettes de genre. Donc ici encore les résultats sont les mêmes.

Cependant je signale dans la rédaction elle-même une différence de formule qu'il importe d'analyser avec soin.

L'ancien article 235 ne parlait que de libération ou de non-libération, il ne faisait pas allusion aux questions de responsabilité proprement dite; en d'autres termes là où l'impossibilité n'était pas suffisante, il disait que le débiteur restait tenu, il ne disait pas qu'il fût responsable de l'inexécution et qu'il dût des dommages-intérêts, et la chose est bien différente. Dire que le débiteur reste tenu, c'est admettre qu'on peut exiger de lui l'exécution en nature; parler de responsabilité pour l'inexécution, c'est admettre, au lieu et place de l'exécution réelle, l'action en

contractée, la chose promise a été mise hors du commerce, l'aliénation en a été interdite par la loi. Est-ce donc là ce à quoi ferait allusion la nouvelle formule de l'article 237? Assurément non, ce serait aller à l'encontre de tous les principes, et à l'encontre du texte, qui se place dans le cas très nettement spécifié d'impossibilité relative au débiteur seulement, par opposition à l'impossibilité d'exécution tenant à la chose elle-même. Le mot *Unvermögen* qu'il emploie prend la valeur d'un terme technique désignant l'impossibilité personnelle au débiteur à l'encontre de l'impossibilité objective tenant à la chose, qu'exprime le mot *Unmöglichkeit* employé seul.

Le nouvel article 237 reconnaît donc qu'il y a des cas où l'impossibilité reste personnelle au débiteur, par conséquent où il serait encore possible qu'un autre fournît à sa place cette chose qu'il avait promise et qu'il ne peut livrer, et où cependant le créancier ne peut plus demander l'exécution en nature, mais seulement, sous forme de garantie, indemnité en argent. Nous sommes loin de la solution fournie par l'interprétation de l'ancien article 235. D'après ce dernier texte, du moment qu'il n'y avait pas impossibilité objective, le débiteur restait tenu, donc le créancier pouvait encore poursuivre l'exécution en nature; d'après la nouvelle rédaction, bien que l'exécution en soi reste possible, l'impossibilité où se trouve personnellement le débiteur d'exécuter le libère dans tous les cas de l'exécution en nature, sauf, s'il s'agit d'obligation de genre, à le soumettre à garantie.

De sorte que la formule du nouveau texte que l'impossibilité purement personnelle au débiteur équivaut, en ce qui touche la libération, à l'impossibilité absolue, au sens objectif du mot, devient une formule générale, s'appliquant à toutes les obligations, même aux dettes de genre, sauf dans ces dernières à admettre le maintien d'une obligation de garantie ayant pour objet la réparation en argent.

En d'autres termes, si l'on s'en tient à la libération seulement, la formule de l'article 235 détruit entièrement l'interprétation que l'on serait tenté de donner du nouvel article 232, que le principe du nouveau Projet, comme de l'ancien, fût celui de l'impossibilité objective seule admise comme cause de libération. La vérité est que la libération, en tant que libération et toute question de garantie à part, est désormais admise dès que le débiteur est personnellement dans l'impossibilité absolue d'exécuter, sans qu'il y ait à distinguer si l'exécution en soi reste possible et si un autre ne pourrait pas la fournir.

Seulement reste à définir ce qu'il faut entendre par impossibilité personnelle au débiteur; et là est le point délicat dont l'analyse restait à faire.

Il semblerait, à s'en tenir à ce qui vient d'être dit, que dès que le débiteur ne peut livrer lui-même, et du moment qu'il faudrait pour cela s'adresser à un autre, que la libération fût acquise; de sorte que dans cette hypothèse, s'il s'agissait d'obligation de corps certain, cette libération serait définitive, et, s'il s'agissait de dettes de genre, d'après l'article 237, le créancier ne pourrait plus demander que des dommages-intérêts.

Ce serait une erreur manifeste. Si le débiteur peut s'adresser à un autre pour obtenir la chose qu'il doit livrer et que rien ne s'oppose à ce qu'il se procure ainsi la chose due, on ne peut plus dire qu'il y ait impossibilité pour le débiteur d'exécuter.

L'impossibilité personnelle au débiteur ne doit pas s'entendre de l'impossibilité seulement de trouver chez lui et en lui les éléments de la prestation qu'il doit, mais d'une impossibilité absolue de sa part d'arriver à réaliser soit par lui, soit par autrui, l'exécution.

Le débiteur n'a pas la chose chez lui : c'est un premier degré d'impossibilité; mais cela ne constitue pas pour lui une impossibilité d'exécution, puisqu'il peut se procurer la chose chez un autre ou la faire fournir par celui qui la possède. Ce n'est pour lui qu'une difficulté d'exécution. L'*Unvermögen des Schuldners*, la mise hors d'état du débiteur, n'est pas le fait de n'avoir plus la chose en mains ou sous la main, c'est le fait de ne pouvoir par aucun moyen arriver à la faire avoir au créancier : c'est donc par rapport au débiteur une impossibilité aussi absolue que l'impossibilité que nous qualifions d'absolue au sens objectif du mot; et voilà pourquoi le nouveau Projet. plus exact en cela que l'ancien, déclare en pareil cas le débiteur libéré.

A l'impossible nul n'est tenu, notre formule ne veut pas dire autre chose; et l'impossible pour le débiteur, c'est tout autant le fait de ne pouvoir obtenir une chose de l'espèce de celle qu'il doit, encore qu'il en existe au monde, que le fait de voir toutes les choses de cette espèce frappées d'inaliénabilité, par la mise hors du commerce par exemple.

Donc l'impossibilité personnelle au débiteur, ce n'est pas le fait de ne pouvoir exécuter par soi-même et d'être obligé d'avoir recours à autrui, c'est le fait de ne pouvoir obtenir même d'un tiers la réalisation de l'exécution.

J'aperçois donc trois degrés d'impossibilité en matière d'obligations de genre :

1° Impossibilité tenant uniquement à ce que le débiteur n'a pas la chose en mains, pourvu qu'il puisse encore se la procurer.

Dans ce cas il n'y a pas impossibilité personnelle au débiteur au sens du Projet, il n'y a pas cet *Unvermögen des Schuldners* qui est mis sur le même pied que l'impossibilité tenant à la chose. Donc, il n'y aura pas libération; l'article 237 ne s'applique pas, le créancier n'en est pas réduit aux dommages-intérêts, il peut exiger exécution en nature.

Question de mots, dira-t-on; car, si le débiteur refuse de recourir à autrui, alors qu'il le pourrait, le créancier ne pourra pas agir de force et il faudra bien qu'il se contente d'une indemnité en argent. C'est mal connaître la procédure d'exécution du droit allemand: puisque en pareil cas, lorsque l'exécution doit consister en un fait qui dépende uniquement de la volonté du débiteur, la justice a, pour le forcer à exécuter, des moyens comminatoires qui constituent une sanction d'une efficacité à peu près certaine de l'obligation 1. On saisira en gage une somme d'argent qui ne lui sera rendue que lorsqu'il se sera décidé à accomplir le fait que lui impose son obligation. Donc il y a grande chance pour le créancier d'obtenir encore l'exécution en nature.

2° Impossibilité qui n'existe que pour le débiteur, mais qui pour lui est une impossibilité absolue. C'est précisément ici le cas visé par l'article 237. L'exécution en soi reste possible ; d'autres pourraient encore la fournir; mais il est impossible que le débiteur obtienne de ceux qui en ont la possibilité qu'ils fournissent la chose au créancier. Le créancier, par exemple, avait acheté du vin d'une certaine qualité, en spécifiant le cru et l'année, mais sans que les fûts aient été spécialisés. Le stock du débiteur vient à périr avant livraison et, bien qu'il reste encore aux mains de certains producteurs du vin de la même année et de la même qualité, ceux qui le possèdent ne consentent pas à le mettre en vente et le gardent pour eux : l'impossibilité n'est pas absolue quant à la chose, mais elle est absolue quant au débiteur. C'est celle qui libère le débiteur; mais s'agissant d'obliga-

---

(1) *Cod. procéd. allem.*, art. 774.

tion de genre, le débiteur reste garant de l'inexécution, alors même qu'elle se fût produite sans aucune faute de sa part.

D'après l'ancien article 235 il eût fallu dire que le débiteur restait tenu de son obligation, ce serait un non-sens.

Il est libéré, mais il doit réparation, ou indemnité.

3° Impossibilité absolue quant à la chose : c'est celle qui consiste dans le fait que l'exécution en soi ne peut plus être réalisée par qui que ce soit : il n'existe plus aucune chose de l'espèce promise, ou elles sont frappées d'inaliénabilité; il y a libération du débiteur, non seulement quant à l'exécution en nature, mais, et cela même s'il s'agit de dettes de genre, quant à l'obligation de garantie dont parle l'article 237.

Si l'on suppose en second lieu que l'obligation consiste en un fait à exécuter, un travail à accomplir, par exemple, un objet à fabriquer, les distinctions qui précèdent vont nous fournir les différentes solutions possibles du problème.

Il paraît logique, en pareil cas, d'assimiler à l'obligation de livrer un corps certain celle qui consiste en un travail que le débiteur seul, personnellement, par lui ou par ses ouvriers, devait accomplir, comme serait la commande d'un objet qui ne doive être fabriqué que chez lui; et de même on assimilera à l'obligation de genre celle d'un fait dont on ait garanti l'exécution, sans s'engager nécessairement à la réaliser personnellement.

Dans le premier cas, la formule très générale du Projet doit nous faire admettre que l'impossibilité purement personnelle du débiteur, à condition bien entendu qu'il s'agisse d'impossibilité absolue quant à lui, et non pas seulement de difficultés temporaires, telles qu'une grève, par exemple, libérera le débiteur, et cela sans obligation de garantie.

Le nouveau texte donne ainsi satisfaction à certaines critiques qui avaient été formulées contre le Projet primitif (1).

Et dans le second cas, l'impossibilité personnelle au débiteur, laquelle consistera, non pas seulement à ne pouvoir faire par lui-même le travail promis, mais à ne pouvoir en obtenir l'exécution d'aucune autre personne ou dans aucune autre fabrique, libérera encore le débiteur de l'exécution en nature, tout en le laissant

<hr>

(1) Cf. MEISCHEIDER, Die alten Streitfragen gegenüber dem Entwurfe eines bürgerlichen Gesetzbuches, § 14 (dans *Bekker-Beiträge*, fasc. 3), p. 11 et suiv. et spécialement p. 18.

— 52 —

garant de l'inexécution. C'est l'application équitablement étendue du dernier alinéa de l'article 237.

Enfin, s'il s'agissait dans l'un et l'autre cas d'impossibilité absolue au sens objectif du mot, de celle que personne ne pourrait plus désormais procurer, elle produirait libération, sans qu'il pût être question de garantie, puisque dans tous ces cas nous supposons l'absence de faute.

Art. 236 [27]. Les dispositions qui précèdent traitent des cas où l'impossibilité d'exécution libère le débiteur; et, si elles posent le principe et la limite de la responsabilité en matière d'exécution, c'est afin de déterminer par le fait même les conditions sous lesquelles l'inexécution pour cause d'impossibilité produira libération.

Nous passons au cas d'impossibilité imputable au débiteur, et nous savons déjà à quelles conditions il en sera ainsi, puisque cela résulte de la mesure même de la responsabilité telle qu'elle vient d'être fixée; dans ce cas, l'impossibilité d'exécution a donc pour conséquence de donner naissance à la dette d'indemnité dont le Projet nous a déjà décrit l'étendue et le caractère aux articles 213 et suivants.

Seulement, l'impossibilité peut n'être que partielle; il fallait, avec l'article 242 de la première rédaction, en décrire les effets. Bien entendu, le créancier peut accepter cette exécution partielle et demander indemnité pour le reste. Mais, il peut aussi, et c'est là la disposition importante de l'article 236, à la charge de prouver que l'exécution partielle n'aurait plus pour lui aucun intérêt, refuser de recevoir ce qui reste possible de la prestation qu'on lui devait et demander réparation pour le tout. Tout cela, l'ancien article 242 le disait déjà, mais en termes un peu différents. Par

Art. 236 (240 § 1). *Lorsque l'impossibilité d'exécution provient d'une faute imputable au débiteur, celui-ci doit fournir réparation au créancier pour le dommage que lui aura causé l'inexécution.*

(242). Au cas d'impossibilité partielle, le créancier peut, si l'exécution partielle n'a pour lui aucun intérêt, et à condition de refuser la partie restée possible de la prestation, exiger une indemnité pour inexécution totale. Les dispositions des articles 298 à 305 sur le droit de résiliation en matière de contrat synallagmatique trouvent ici une application correspondante.

exemple, il parlait de démontrer l'intérêt pour le créancier de la partie restée possible. On a objecté que, s'il s'agissait de somme d'argent, si peu que le débiteur pût payer sur ce qui était dû, la somme versée aurait toujours une valeur pour celui qui la recevrait; et cependant il peut se faire pour le but que le créancier avait en vue que ce payement partiel fût dépourvu de toute utilité. On a donc préféré dire d'une façon générale que l'on supposait l'exécution partielle sans intérêt pour le créancier, au lieu de parler de la non-valeur de la partie restée possible.

Il fallait prévoir, en outre, le cas où le créancier aurait déjà reçu une partie de la prestation, celle restée possible, à condition, bien entendu, qu'il ne l'eût acceptée que sous réserve et provisoirement. L'ancien article 242 exigeait, pour qu'il pût demander indemnité pour le tout, outre la preuve de l'inutilité pour lui de ce qu'il a reçu, la restitution au débiteur de la prestation déjà faite. En principe, il doit en effet en être ainsi. Mais il peut arriver que cette restitution soit elle-même impossible, ou ne puisse se faire qu'incomplètement, qu'arrivera-t-il alors? La même question avait été prévue pour le cas de résolution conventionnelle en matière de contrat synallagmatique, et là il est déclaré que la perte fortuite de l'objet déjà fourni à celle des deux parties qui a droit à la résolution ne l'empêche pas d'exercer son droit (art. 300). Le nouvel article 236 s'est donc contenté de déclarer applicables au droit à indemnité totale pour inexécution partielle les prescriptions des articles 298 à 305 sur le droit de résolution.

D'une façon générale, cette application à notre matière des articles 298 à 305 sur le droit de résolution détermine dans quels cas ce choix entre l'abandon de l'exécution partielle avec droit à indemnité totale ou la réception de la partie subsistante avec droit seulement à indemnité partielle peut être exercé par le créancier, comment il doit être exercé, et dans quel délai.

On verra en effet que, lorsqu'il s'agit de résolution (art. 304), celui contre lequel la résolution est possible peut fixer à celui qui se trouve y avoir droit un délai dans lequel il lui faille l'exercer, faute de quoi la résolution lui est enlevée. Il en sera de même ici, par application des articles relatifs à la résolution. Lorsqu'il s'agit du choix qui appartient au créancier au cas où l'exécution n'est plus que partiellement possible, on ne pouvait admettre, pas plus que lorsqu'il s'agit de résolution, que le débiteur restât indéfiniment dans l'incertitude de savoir s'il devra ou non fournir la partie qui subsiste. Il pourra donc obliger le créancier à se prononcer dans un délai déterminé.

Tout ceci avait été insuffisamment prévu et réglé par l'ancien article 242 du Projet.

Art. 237. L'effet de l'impossibilité d'exécution n'est pas seulement, suivant les cas, de procurer la libération ou d'engager la responsabilité du débiteur : elle peut avoir un autre résultat commun à ces deux hypothèses, celui de l'obliger à céder au créancier, si celui-ci l'exige, les droits, actions et profits qui peuvent lui revenir en raison même du fait qui a rendu l'exécution impossible. On peut supposer en effet que la chose qu'i. devait a été détruite ou détériorée par un tiers de qui il tient une indemnité ou contre qui il a action de ce chef. Il y aura donc, dans ce cas, subrogation dans ses droits et profits sur la demande du créancier. Le principe, on le voit, n'est pas celui d'une subrogation de plein droit : c'est une cession d'actions à laquelle le débiteur ne peut se refuser.

Comme on le voit, cette disposition est l'analogue en sens inverse de celle de l'article 218 en ce qui touche la dette d'indemnité. Dans ce dernier cas, c'est celui qui doit réparation qui peut exiger de la partie à qui cette réparation doit être fournie de lui céder les droits d'action qui pourraient lui appartenir par rapport à la chose endommagée : puisqu'il lui paye la valeur entière de la chose, il a droit d'obtenir les actions et profits qui la représentent. Ici c'est le créancier qui perd la chose à laquelle il avait droit, ne pouvant obtenir du débiteur la chose elle-même, il peut exiger de lui les droits et profits qui en proviennent et qui la représentent entre ses mains. Dans les deux cas la subrogation n'a pas

_____ __ ___ __ __

Art. 237 (238). Si le débiteur, à raison même du fait qui a rendu la prestation impossible, a perçu, au sujet de la chose même qu'il devait, une indemnité, ou qu'il ait acquis, à cause d'elle, une action en dommages-intérêts, le créancier peut exiger de lui qu'il lui restitue l'indemnité qu'il a touchée ou qu'il lui cède l'action qui lui appartient.

Si, en pareil cas, le créancier a lui-même une action en indemnité pour inexécution, et qu'il use des droits qui lui sont attribués par le premier paragraphe de la présente disposition, le montant de ce qu'il peut exiger devra être diminué en proportion de la valeur de l'indemnité que doit lui remettre le débiteur ou de l'action qu'il doit lui céder.

lieu de plein droit ; l'ayant-droit peut simplement exiger cession d'actions ou remise des profits retirés de la chose elle-même.

L'ancien article 238, lorsqu'il s'agit d'impossibilité d'exécution en matière d'obligation, n'admettait ce droit à subrogation que lorsque le créancier n'avait pas d'autre action contre le débiteur, donc lorsque celui-ci était entièrement libéré sans que sa responsabilité fut engagée : c'était le cas d'impossibilité qui ne lui fût pas imputable.

Le nouvel article 237 l'admet dans les deux hypothèses, donc alors même que le créancier a droit à réparation pour inexécution.

Seulement, bien entendu, il ne peut cumuler à la fois le bénéfice de son action en indemnité et celui du droit qui lui appartient en restitution d'indemnité ou en cession d'actions contre le même débiteur. Il pourrait par là arriver à toucher deux fois la valeur de la chose.

Restait donc à décider si l'on imposerait l'option au créancier, ou si on lui permettrait le cumul avec déduction.

Imposer l'option au créancier, eût équivalu à déclarer que le droit à restitution d'indemnité ou à cession d'actions, si le créancier décidait d'en user, remplacerait pour lui la réparation qui lui est due et lui tiendrait lieu de payement : c'eût été une dation en payement. Or, c'était l'exposer parfois à courir gros risque, puisque, à supposer surtout qu'il s'agit d'action contre un tiers, si ce tiers était ou devenait insolvable, ou qu'en exerçant les droits de son débiteur, le créancier vint à succomber en justice, il ne pourrait plus recourir contre ce dernier.

Il a donc été décidé que, si le créancier déclarait vouloir user de la faculté qu'on lui accorde, les droits qu'il obtiendrait ainsi du débiteur n'équivaudraient pas à dation en payement, mais viendraient en déduction du payement qu'il doit recevoir, en déduction par conséquent de l'indemnité qui lui est due : c'est un cumul avec déduction.

Enfin, il fallait décider pour finir d'après quelles bases se ferait la déduction. Bien entendu, il ne pouvait être question de l'opérer d'une façon définitive au moment même de la cession en prenant pour base la valeur nominale de l'action appartenant au débiteur ; c'eût été revenir, au point de vue des résultats, à l'idée, que l'on venait d'abandonner, d'une dation en payement. Le plus souvent en effet, s'il s'agit par exemple de perte totale de la chose due par la faute d'un tiers contre lequel le débiteur ait action en indemnité, la valeur de cette dernière serait exactement la même que celle de l'action appartenant au créancier ; de sorte que, si le dernier dût subir à ce moment même la déduction, et qu'elle s'opérât sur la valeur nominale du droit qui lui a été cédé, il faudrait admettre que contre le débiteur, son action est réduite à zéro et qu'elle a été remplacée intégralement par l'action qu'il a acquise du débiteur contre le tiers responsable.

On avait donc proposé de prendre pour base de la déduction la valeur vraie du profit que le créancier aura retiré des droits qui lui viennent du débiteur ; c'eût été attendre pour opérer la déduction, donc pour fixer le montant de l'indemnité, le résultat de l'action qu'il a droit d'exercer du chef du débiteur contre le tiers auteur du dommage.

Pour éviter cette dernière complication, le Projet accepte une solution mixte, qui est de calculer la déduction d'après la valeur réelle du profit ou des droits qui lui sont cédés au jour où la cession lui en est faite. On s'en tiendra par conséquent, non pas à la valeur nominale de l'action cédée, mais à sa valeur vénale au jour de la cession.

Art. 238 [26]. Ici se place, pour conclure, une disposition renouvelée de l'ancien article 239, laquelle allait de soi, sur la charge de la preuve du cas fortuit, qui dans tous les cas incombe au débiteur : c'est à lui en effet de prouver sa libération, donc à lui d'établir, d'abord l'impossibilité, puis, celle-ci prouvée, son irresponsabilité par rapport au fait qui a rendu l'exécution impossible ; deux preuves successives qu'il importe de soigneusement distinguer. Tout cela était donc incontestable ; cependant la commission a cru nécessaire que cela fût dit expressément, afin d'éviter toute incertitude à ce sujet devant les tribunaux ; de là le maintien d'une formule analogue à celle de l'ancien article 239.

Art. 238 (239). *S'il est contesté que l'impossibilité survenue soit le résultat d'un fait imputable au débiteur, la charge de la preuve incombe à ce dernier* [1].

(1) La commission a changé, probablement pour obtenir une formule plus courte, les termes de l'ancien article 239. Celui-ci cependant avait le mérite de mieux séparer les deux preuves successives qui incombent au débiteur : « *Si le débiteur invoque l'impossibilité d'exécution, c'est à lui de prouver que la prestation est devenue impossible par suite d'un fait qui ne lui soit pas imputable.* »

15. — *Impossibilité fictive.* — Art. 239 [25 et 191]. L'ancien Projet prévoyait, à la suite de ces différentes dispositions, le cas spécial de l'inexécution survenant à la suite d'un jugement condamnant le débiteur à exécuter. On voulait faciliter au créancier la transformation de son droit et lui permettre ainsi de substituer à l'action qui lui appartient, laquelle est une action portant uniquement sur l'objet dû, une action en indemnité. Rigoureusement, pour qu'il puisse être question d'indemnité, il faut que l'impossibilité d'exécution soit légalement constatée ; de sorte qu'après un jugement portant ordre d'exécuter, le créancier, en droit strict, aurait dû, pour pouvoir agir en indemnité, procéder au préalable par voie d'exécution forcée à l'effet de poursuivre ce qui lui est dû, et c'eût été faute d'en obtenir la prestation qu'il lui eût fallu recourir à nouveau contre le débiteur en dommages intérêts.

On a voulu lui épargner, au cas de jugement portant sur l'exécution, la procédure d'exécution forcée et lui permettre de renoncer éventuellement à la prestation en nature pour exiger réparation. Pour cela on lui donne droit de fixer au débiteur un délai, passé lequel, si la prestation ne lui a pas été fournie, il pourra, et devra, son choix ayant été par là même consommé, intenter l'action en indemnité.

Il peut aussi, lorsqu'il poursuit l'exécution, requérir du juge qu'il fixe le délai dans le jugement même portant condamnation.

Art. 239 (243). *Lorsque le débiteur, par un jugement passé en force de chose jugée, a été condamné à exécuter, le créancier peut lui assigner un délai, pourvu qu'il s'agisse d'un délai suffisant, pour l'exécution de la prestation, avec déclaration expresse qu'il refusera quant à lui toute prestation qui n'interviendrait qu'après expiration du délai. Si le créancier en fait la demande, un délai de ce genre doit être fixé dans le jugement même qui porte condamnation. Par le fait seul que l'exécution n'a pas été fournie dans le délai, le créancier peut demander indemnité pour inexécution, à moins que la prestation soit devenue impossible par suite d'un fait non imputable au débiteur ; le créancier n'a plus le droit d'ailleurs de poursuivre l'exécution.*

Si à l'expiration du délai il y a inexécution, mais pour partie seulement, le créancier peut, en outre, se prévaloir du droit qui lui est imparti par le paragraphe 2 de l'article 236.

De sorte que toutes les fois qu'il y a jugement portant sur l'exécution, le créancier peut, après un délai suffisant assigné au débiteur, soit que ce délai soit inséré dans le jugement, soit que le créancier le fixe après coup, recourir, sans plus attendre, et sans procéder par voie d'exécution forcée, à la poursuite en réparation, et demander indemnité pour inexécution, dès que la prestation n'a pas été fournie dans le délai fixé.

On a dit avec quelque raison qu'il s'agissait d'une fiction d'impossibilité; c'est qu'en effet l'action en indemnité n'implique pas seulement que le débiteur n'exécute pas, puisque s'il n'exécute pas le créancier a la voie de l'exécution forcée pour obtenir ce qui lui est dû, elle implique constatation de l'impossibilité d'exécution; et cette impossibilité dans la pratique se constate de deux façons. Lorsqu'il y a réellement impossibilité, le débiteur, d'ordinaire, sur la poursuite en payement excipe de son impossibilité et, s'il en fait la preuve, la question d'indemnité se pose aussitôt et par suite la question de responsabilité; mais le plus souvent lorsqu'il n'y a pas d'impossibilité absolue, soit au sens objectif, soit au sens subjectif du mot, et l'on sait ce que j'entends par là, mais qu'il y ait uniquement mauvaise volonté, le débiteur se laisse condamner et ne met pas en avant la raison d'impossibilité, vu qu'il serait incapable d'en faire la preuve. Dans ces conditions le créancier n'a d'autres ressources, si le jugement n'est pas exécuté, que de recourir à l'exécution forcée qui aboutira, ou bien à la constatation d'une véritable impossibilité, mais dans l'hypothèse que j'indique ce sera l'exception, ou à la réalisation forcée de l'exécution, ou le plus souvent, s'il s'agit de mauvaise volonté arrêtée, et à supposer l'exécution impossible sans l'intervention personnelle du débiteur, à la mise en mouvement des moyens comminatoires du Code de Procédure, qui se heurteront, dans ce cas, à une résistance passive du débiteur; et après toutes ces formalités et toutes ces longueurs, il faudra en revenir à la demande d'indemnité.

On a donc pensé que lorsqu'il y avait jugement et que par suite le droit du créancier avait été judiciairement constaté, il fallait pratiquement éviter au créancier ces complications, et qu'alors, de deux choses l'une : ou bien le débiteur n'exécute pas parce que réellement l'exécution lui est devenue impossible, et alors il est inutile de recourir à la procédure d'exécution, ou bien il n'exécute pas parce qu'il y met de la résistance, et alors il n'a pas à se plaindre si on permet au créancier de considérer l'exécution comme désormais impossible, pour recourir dans un cas comme dans l'autre à la question d'indemnité. On suppose l'impossibilité existante, et si cette fiction légale se trouve contraire à la réalité, le débiteur n'a pas à se plaindre, c'est lui qui l'a voulu. Le créancier a droit de renoncer à une prestation qu'on lui fait attendre de cette façon, pour se prévaloir de l'inexécution et réclamer indemnité de ce chef; et le débiteur n'a plus le droit, du moment qu'il a été averti, et qu'il a eu pour s'exécuter un délai suffisant, d'offrir après coup la prestation qu'il devait. On lui répondra qu'il est trop tard et que l'inexécution est considérée comme acquise.

L'inexécution après délai d'exécution, fixé par jugement ou après le jugement de condamnation, équivaut à la constatation de l'impossibilité d'exécution : c'est l'impossibilité fictive, admise par la loi, au lieu et place de l'impossibilité légalement constatée.

Bien entendu, s'il y avait réellement impossibilité, le débiteur aura toujours le droit, sur la poursuite en réparation pour inexécution, d'en faire la preuve pour plaider le cas fortuit et écarter de sa part toute responsabilité, donc pour faire échoir l'action du créancier : le texte du Projet le rappelle formellement.

On a objecté, il est vrai (1), que par le fait seul qu'il y a eu poursuite et jugement de condamnation, le débiteur est en demeure, et que l'un des effets de la demeure est précisément de permettre au créancier de refuser la prestation tardive, de renoncer par conséquent à l'objet même de son obligation, pour s'en tenir à la poursuite d'indemnité. Il est vrai qu'il faut pour cela, d'après la théorie sur la demeure, qu'il démontre que l'exécution tardive ne lui serait d'aucune utilité.

On voit donc que la disposition du Projet sur l'inexécution après délai sur jugement de condamnation présente encore, indépendamment de toute question de demeure proprement dite (2).

(1) STAFFERT, loc. cit., pp. 18 et 19.

(2) D'ailleurs on verra plus loin, à propos de la demeure du débiteur, ou plutôt à propos des intérêts qui courent de plein droit par l'effet de la poursuite (infra, n° 17), que la poursuite n'est pas toujours forcément constitutive de demeure juridique. Donc, pour l'application de la disposition de l'article 239, il n'y aura pas à s'occuper de savoir s'il y a eu ou non demeure du débiteur; et pour le cas où celle-ci ne fut pas encore intervenue, on voit l'intérêt très réel de la faculté spéciale que la loi donnerait ici au créancier.

un intérêt qui est loin d'être négligeable, puisqu'en pareil cas le créancier, pour intenter l'action en dommages-intérêts, n'aura qu'à attendre l'expiration du délai et pourra, l'échéance venue, y recourir sans autre condition, et sans avoir à prouver l'inutilité qu'aurait désormais pour lui l'exécution faite aussi tardivement.

C'est donc là, si l'on veut, un cas de demeure spéciale, et la différence qu'il y aurait entre la demeure ordinaire et celle qui résulte d'un jugement de condamnation avec fixation de délai d'exécution, serait que dans ce dernier cas le créancier pourrait d'emblée, après expiration du délai, exiger réparation pour inexécution, sans autre preuve à fournir.

En tout cas, c'est encore d'une des conséquences de la demeure, ou plutôt d'une demeure existant dans un cas spécial, qu'il s'agissait ici, et l'on a vivement reproché au Projet d'en avoir traité à propos de l'impossibilité d'exécution.

Il ne faut pas confondre inexécution, ou exécution tardive, avec impossibilité d'exécution ; et, si la demeure suppose l'exécution différée, elle ne la suppose pas forcément devenue impossible, tant s'en faut. En tout cas, ses conséquences ont trait au retard d'exécution et non à l'impossibilité proprement dite.

Il est vrai qu'on avait pu répondre, en partie tout au moins à ces critiques, en admettant l'idée d'impossibilité fictive.

Quoiqu'il en soit, ce reproche ne pourra plus être adressé au nouveau Projet qui n'a pas fait de sections distinctes pour les deux matières, et qui traite dans le même paragraphe de l'impossibilité d'exécution et de la demeure du débiteur. L'article 239 est précisément celui qui précède les dispositions relatives à la demeure, si même il n'est pas dans la pensée des nouveaux rédacteurs, le texte en quelque sorte qui en ouvre la série.

16. — *Demeure du débiteur.* — [28-37]. Cette partie relative à la demeure du débiteur a subi assez peu de modifications quant au fond.

Art. 240 [28]. Rien de changé en tout cas, si ce n'est quelque

Art. 240 (245). *Lorsque le créancier, pour une dette arrivée à échéance, a fait sommation au débiteur, et que celui-ci n'exécute pas sur la sommation qui lui a été faite, le débiteur se trouve constitué en demeure par la sommation. Équivalent à sommation l'introduc-*

peu dans les termes, aux dispositions qui règlent les conditions de la demeure du débiteur. L'article 240 reproduit à peu près l'ancien article 245 sur la sommation et les actes judiciaires desquels résulte la mise en demeure, et sur le principe, traditionnel en Allemagne, que la demeure en cas de terme à jour fixe résulte de l'échéance du terme sans sommation préalable.

Art. 241 [29]. L'article 241 écarte la mise en demeure si le retard n'est pas imputable au débiteur. On maintient donc le principe de la faute comme condition de la mise en demeure. Je ne sais pas, quoi que j'aie pu dire ailleurs à cet égard, si le principe du Code fédéral sur les effets de plein droit de la mise en demeure sans que la question de faute puisse être soulevée ne correspond pas mieux aux exigences de netteté et de certitude en affaires du droit moderne.

Art. 242 [31]. Avec l'article 242 nous passons aux effets de la demeure dont le premier, et comme le principal, est la réparation du dommage causé par ce retard d'exécution : c'est un cas d'inexécution partielle; si donc ce retard rend l'exécution désormais sans utilité pour le créancier, c'est alors que celui-ci a le droit dont il était question plus haut, et qui est exactement

---

tion de l'instance sur la poursuite en exécution et la signification d'un ordre de payer dans la procédure par sommation (1).

Lorsqu'il existe pour la sommation une date fixée d'après le calendrier, ou, à supposer qu'une signification doive intervenir, désignée de telle sorte, qu'en comptant à partir de la sommation on puisse la déterminer à jour fixe d'après le calendrier, le débiteur est constitué en demeure sans sommation, s'il n'a pas fait la prestation au jour dit.

Art. 241 (246). *Le débiteur n'entre pas en demeure tant que c'est à raison d'un empêchement qui ne lui soit par imputable qu'il n'exécute pas.*

Art. 242 (247). *Le débiteur doit fournir réparation au créancier pour le dommage causé par le retard apporté à l'exécution.*

Si la prestation, à raison du retard apporté à l'exécution, n'offre plus d'intérêt pour le créancier, celui-ci peut, à condition de refuser la prestation, agir en indemnité pour inexécution. Les dispositions des articles 298 à 305, sur le droit de résiliation en matière de contrat synallagmatique, trouvent ici application correspondante.

(1) V. *Code de procéd. allem.*, art. 628 et suiv.

le même que celui qui existe au cas d'exécution pour partie seulement, de renoncer à l'exécution pour obtenir indemnité.

Seulement, comme il s'agit ici d'un choix à exercer par le créancier, tel que celui dont il a été parlé à propos de l'inexécution partielle, on renvoie, comme pour cette dernière hypothèse, à l'application des articles 298 à 305 sur la résolution, et j'en ai indiqué plus haut le principal intérêt et les diverses conséquences.

Ici donc, si l'on suppose par exemple mise en demeure sur simple sommation, le créancier, pour obtenir indemnité pour inexécution, devra prouver l'inutilité pour lui de la prestation tardive. Il est vrai que, s'il juge cette preuve difficile, il n'a qu'à poursuivre l'exécution et dans le jugement à intervenir à faire insérer un délai d'exécution passé lequel, nous le savons, il pourra demander indemnité sans preuve d'aucune sorte. Mais cette dernière façon de procéder le reporte à une échéance plus ou moins lointaine, et d'ici là le débiteur aura droit d'imposer l'exécution en nature; tandis que si, dès l'inexécution sur sommation, il avait fait la preuve de l'inutilité qu'aurait désormais pour lui l'exécution, dès ce moment, il aurait pu refuser la prestation pour exiger indemnité. Si au contraire, après introduction de l'instance, prononcé de jugement et échéance d'un nouveau délai d'exécution, rien ne vient, on comprend que le débiteur soit déchu de son droit à l'exécution en nature, et que, sans exiger aucune preuve du créancier, on l'admette désormais à tenir pour inexécution complète un tel retard d'exécution.

Art. 243 [33-36]. Le second effet de la demeure est l'aggravation de responsabilité pour le débiteur. Non seulement il répond de toute faute, même de la plus légère négligence, de celle qui avant la demeure eût été insuffisante à engager sa responsabilité; mais il doit supporter désormais les cas fortuits. Toutefois, s'il s'agit d'un cas fortuit, on lui permet d'écarter les conséquences de la perte de la chose arrivée depuis la mise en demeure, en prouvant que si la chose eût été fournie à temps elle eût égale-

---

Art. 243 (250). *Le débiteur doit compte à partir de la mise en demeure de la plus petite négligence.*

(251). *Il répond aussi de l'impossibilité d'exécution arrivée par cas fortuit pendant la demeure, à moins de prouver qu'un dommage analogue se fût également produit si la prestation eut été régulièrement faite à l'échéance.*

ment péri chez le créancier; et sur ce point le nouveau texte porte un changement qu'il faut signaler.

L'ancien article 251 exigeait, pour que le débiteur fût déchargé des cas fortuits, que, si la chose eût été livrée au créancier, ce fut exactement le même événement qui fût venu chez celui-ci la détruire : « A moins que, disait-il, il ne soit démontré que le *dommage résultant de ce cas fortuit* n'eût également dû survenir, à supposer la prestation régulièrement faite à l'échéance. »

Le nouvel article 243, conformément à notre article 1302 du Code civil, se contente du fait, que la chose, si elle eût été livrée au créancier, eût péri d'une façon quelconque. Il parle de « dommage qui fût survenu au cas de livraison à l'échéance » ; il n'exige plus que ce soit un dommage résultant de « *ce cas fortuit* », c'est-à-dire du même cas fortuit que celui qui a atteint la chose chez le débiteur (1).

Il est très certain, en effet, que la raison d'être de la responsabilité des risques mise à la charge du débiteur vient de ce que la perte de la chose est due uniquement au retard apporté à sa livraison. Si donc l'exécution à l'échéance n'eût pas empêché la chose de périr, et cela peu importe à la suite de quel événement, il est bien certain que ce rapport de causalité n'existe plus et l'on revient à la règle de droit commun sur la libération par cas fortuit.

Art. 244 [32]. Enfin, un effet spécial de la demeure au cas de dette d'argent, est de faire courir les intérêts connus sous le nom d'intérêts moratoires. L'article 244 les fixe à 5 p. 100, et le créancier, pour les obtenir, n'a à faire la preuve d'aucun dommage particulier ; de plus, ils restent fixés à ce taux légal, alors même que d'après la convention la dette produirait déjà intérêts à un taux inférieur ; si, au contraire, ces derniers étaient plus élevés, ils continueraient à courir à leur taux conventionnel sans être réduits au chiffre légal de 5 p. 100. On reproduit également la

---

Art. 244 (248). La dette d'argent, pendant la demeure, porte intérêt à cinq du cent. A supposer qu'en vertu d'une autre cause juridique elle dût produire des intérêts plus élevés, ceux-ci continueront leur cours.

Le créancier n'en reste pas moins autorisé à faire valoir son droit à plus ample réparation.

(1) Cf. REATZ, *loc. cit.*, p. 121, note 13, et JECKLIN, *loc. cit.*, p. 880.

disposition de l'ancien article 248 en vertu de laquelle le créancier, à la charge de prouver un dommage supérieur peut obtenir en outre un supplément d'indemnité. On avait cependant très vivement défendu le système français qui, pour couper court à toutes difficultés d'appréciation, restreint à la perception des intérêts au taux légal tous les droits du créancier (C. civ., art. 1153). Il paraît, et c'est ainsi que peut se justifier le maintien du système adopté par le Projet, que la grande majorité des Chambres de commerce en Allemagne s'était prononcée pour le droit à plus ample indemnité sous le bénéfice de la preuve à faire par le créancier (1). Nous concevons difficilement que ce système suranné doive répondre aux nécessités actuelles du commerce, et je doute que la critique se résigne à ne plus protester.

Art. 245. Le nouveau Projet a toutefois supprimé une distinction assez bizarre faite par l'ancien article 249, à propos d'intérêts moratoires des intérêts en retard : c'est la question de l'anatocisme se posant, non plus comme dans l'article 212 pour intérêts à échoir, mais pour intérêts échus (C. civ., art. 1154). Le Projet primitif excluait la production d'intérêts si la dette d'intérêts qui doit les produire consistait en intérêts légaux et non s'ils s'agissait d'intérêts conventionnels, si ce n'est que pour ces derniers on exigeait, par une rigueur particulière, que les intérêts moratoires ne dussent courir que par l'introduction d'une demande en justice. Le nouvel article 245 généralise la prohibition et l'applique quels que soient le caractère et l'origine des intérêts que le débiteur est en demeure de fournir. Mais ici encore on réserve au créancier le droit supérieur qui lui appartenait en vertu des principes généraux sur l'inexécution, et par suite, sur la demeure, de réclamer indemnité pour inexécution, mais en faisant la preuve du dommage qu'il a subi; bien entendu il n'est pas question de la preuve de l'imputabilité, puisque toute dette d'argent est une de ces dettes de genre pour lesquelles le débiteur répond, quoiqu'il arrive, de l'inexécution, sauf impossibilité objective, laquelle se conçoit difficilement s'il s'agit d'argent à fournir, indépendamment de toute question de faute et d'imputa-

Art. 245 (249). *Il ne peut être dû d'intérêts moratoires pour intérêts en retard.*

Le droit du créancier d'obtenir indemnité pour le dommage que le retard lui a causé reste entier.

(1) Cf. Jecklin, *loc. cit.*, p. 879.

bilité en ce qui le concerne. On a pensé que grâce au maintien de ce principe supérieur, qui m'a paru bien critiquable en cette matière, les droits du créancier étaient suffisamment sauvegardés. Il sera donc possible que le montant de cette indemnité puisse équivaloir à celui des intérêts moratoires, tels qu'ils auraient été normalement fournis par les intérêts en retard. Quoi qu'il en soit, on voit qu'en principe l'anatocisme est désormais entièrement prohibé, pour intérêts échus comme pour intérêts à échoir.

Art. 246. Toutefois, lorsque le débiteur en demeure doit une indemnité en raison de pertes ou détériorations arrivées depuis la mise en demeure, le créancier a le droit d'exiger en outre les intérêts de la somme qui représente cette indemnité depuis le moment où a commencé la demeure elle-même. Mais il ne peut rien demander de plus comme indemnité supplémentaire pour la privation de jouissance qu'il a subie, en tant qu'il s'agit de la jouissance de la valeur ou de l'excédent de valeur dont il se trouve privé. Ici les intérêts qu'il réclame sont considérés comme une sorte de forfait équivalant à la privation de jouissance de cette valeur ou excédant de valeur qui lui manque. On admet cette fois, et avec raison, qu'il ne peut rien réclamer au-delà. Sur ce point l'article 246 reproduit à peu près l'ancien article 252.

17. — *Intérêts et restitutions judiciaires*, art. 247. — La demeure implique, dans le système du Projet, une faute, c'est-à-dire un retard ou une résistance imputable au débiteur. Il peut donc se faire que le débiteur trouve une excuse suffisante dans sa bonne foi, c'est-à-dire dans l'erreur où il se trouvait sur l'existence de l'obligation elle-même. Dans ce cas, la sommation, ou même l'assignation en justice, n'auraient plus pour conséquence de le constituer en demeure. Il est vrai qu'on paraît disposé à se montrer assez difficile sur l'admission de l'erreur à titre d'excuse. Quoiqu'il en

---

Art. 246 (252). Lorsque le débiteur doit indemnité pour perte ou détérioration d'un objet survenues depuis sa mise en demeure de le fournir, le créancier peut exiger les intérêts du montant de l'indemnité à partir du moment où le débiteur était en demeure de livrer l'objet pour lequel réparation est due. Le créancier ne peut exiger autre indemnité du débiteur pour privation de jouissance correspondant à la période pour laquelle il réclame que des intérêts lui soient payés.

soit (1), il peut se faire qu'on soit assigné en justice sans qu'il y ait mise en demeure proprement dite.

Évidemment, le jugement, faisant cesser l'erreur et, par suite, la bonne foi, constitue, à partir du jour où l'exécution est ordonnée, une mise en demeure de la partie condamnée, mise en demeure qui produira, en ce qui touche les intérêts moratoires et la responsabilité pour perte ou détériorations, tous les effets de la demeure ordinaire. Je ne parle pas de l'ouverture éventuelle de l'action en indemnité, puisque cette dernière, nous l'avons vu sur l'article 239, est liée à l'existence de tout jugement de condamnation, quel qu'il soit, sans qu'il y ait à se demander si la demeure résulte *ipso facto* du jugement lui-même et se trouve exister au jour même où il intervient. Mais ces effets spéciaux de la mise en demeure, qui, de toutes façons, ne seraient jamais en pareil cas que postérieurs au jugement, n'est-il pas nécessaire et de toute justice de les faire remonter à l'introduction de l'instance, comme si, de ce même jour, il y avait eu demeure proprement dite? Le débiteur avait beau avoir les meilleures raisons du monde de croire qu'il ne devait rien, du moment qu'on agit contre lui en justice, il peut s'attendre à une interprétation judiciaire contraire à la sienne et, par suite, à se trouver obligé de payer, ou, d'une façon générale, d'exécuter; donc, en vue de cette éventualité, il a dû mettre en réserve l'équivalent de la jouissance dont le demandeur, s'il gagne, aura été privé, et veiller avec un soin tout spécial à la conservation de ce qu'il peut être condamné à lui livrer. Il fallait donc prévoir et régler ces responsabilités et restitutions éventuelles en dehors de toute question de mise en demeure.

Le premier Projet n'avait prévu la question que pour le cas de restitution d'un objet matériel et non pour les dettes d'argent. Les Motifs (t. II, p. 55) déclaraient que sur ce point il avait paru si peu vraisemblable qu'il y eût assignation en justice sans mise en demeure immédiate qu'on avait cru inutile de prévoir, en matière de dette d'argent, d'autres hypothèses de retard de payement que celle de la demeure proprement dite.

Cependant, n'arrive-t-il pas le plus souvent que la dette d'indemnité, pour ne citer que celle-là, corresponde à une dette d'argent, malgré le principe de l'article 213 sur la réparation en nature? Or, ne peut-on pas concevoir précisément avec plus de

(1) Cf. *Motive*, sur l'art. 246, t. II, pp. 60 et 61.

vraisemblance en cette matière qu'en toute autre, que le débiteur, surtout s'il s'agit de responsabilité pour autrui, soit dans l'erreur absolue et tout à fait excusable, du fondement de son obligation ? Il croit avoir affaire à un chevalier d'industrie qui se prévaut d'un dommage qui n'existe pas, il croit être sûr de l'existence d'un cas fortuit : puis son erreur est démontrée et le jugement le condamne à payer des dommages-intérêts. Je suis loin de dire que ce soit ce jugement qui fonde son obligation ; il la constate, mais en la constatant il la lui révèle et il n'est pas impossible d'admettre que son erreur et sa bonne foi eussent empêché l'assignation de le constituer en demeure ; cela suppose bien entendu qu'il ne le soit pas déjà par ailleurs, comme ce serait le cas par exemple en matière d'inexécution d'obligation si l'action en indemnité est intentée après sommation ou assignation en payement. Mais, même en cette matière, il n'est pas indispensable qu'il en soit ainsi, et, en tous cas, plus rien de ce genre n'est à prévoir si la dette d'indemnité a pour fondement un quasi-délit. On peut imaginer que l'assignation en pareil cas ait été insuffisante à produire la demeure du débiteur (1).

Enfin, même en matière de dettes d'argent ordinaires, les Motifs allaient trop loin en déclarant invraisemblable l'hypothèse d'une assignation qui ne fût pas constitutive de demeure immédiate : en tous cas, le nouveau Projet n'a pas été de cet avis et il a rédigé un article spécial en prévision de cette éventualité.

L'article 247 déclare donc qu'au cas de poursuite en payement une dette d'argent portera intérêts du jour de l'engagement de l'instance, alors même qu'il n'y aurait pas mise en demeure proprement dite du débiteur ; et, à supposer qu'elle ne vienne à échéance qu'après engagement de l'instance, c'est de ce moment que les intérêts courront. Quant à la mesure de ces intérêts judiciaires, si on peut les appeler ainsi, ce sera celle des

---

(1) On peut répondre, il est vrai, que dans cette hypothèse, à supposer que les intérêts moratoires n'eussent pas couru du jour de l'introduction de l'instance, le dommage causé au créancier par le retard mis à lui fournir l'indemnité à laquelle il a droit entrerait comme un élément d'évaluation du dommage intégral dont il lui est dû réparation. Seulement, il ne faut pas confondre ce droit à indemnité pour retard de payement et privation de jouissance intérimaire, lequel implique preuve à la charge du créancier du dommage dont il se plaint et qui peut aboutir par suite à une évaluation sensiblement inférieure à celle de l'intérêt légal, avec les intérêts moratoires qui courent de plein droit à un taux fixé d'avance à forfait.

intérêts moratoires ordinaires, comme l'indique l'article 247 en renvoyant au premier paragraphe de l'article 244.

Seulement, par le fait même qu'on exclut ici la fin du même article 244, on n'admet plus le créancier à réclamer un supplément d'indemnité pour le cas de dommage supérieur à l'évaluation des intérêts légaux. C'est que cet élément de responsabilité a pour fondement la faute du débiteur, laquelle ici fait défaut. Je crois qu'il en serait ainsi même s'il s'agissait de poursuite en indemnité; le créancier, par cela seul qu'il se prévaut du droit aux intérêts moratoires, reconnaît par le fait même que l'élément correspondant, dans l'évaluation du dommage intégral résultant du fait dont il a été victime, à la perte de jouissance intérimaire, c'est-à-dire afférente à l'intervalle qui s'est écoulé depuis la perte de la chose jusqu'à la réception de l'indemnité qui la représente, se trouve exactement représenté lui-même par le montant des intérêts légaux ; et il me paraît même certain que dans la pensée du Projet on ne lui permettrait pas d'abandonner son droit aux intérêts moratoires qui le dispense de toute autre preuve, pour offrir de prouver un dommage susceptible d'entrainer indemnité supérieure. Cette solution paraît bien résulter de celle admise par l'article 246 pour le cas de perte arrivée pendant la demeure et d'indemnité qui y corresponde. Enfin si la dette, objet de la poursuite, fût elle-même une dette d'intérêts, et qu'il n'y eût pas déjà demeure du débiteur, le jugement de condamnation n'aurait pas pour effet sans doute d'entrainer production rétrospective d'intérêts moratoires, ceux-ci étant toujours exclus (art. 245, § 1) en matière d'intérêts; mais le créancier, du moment que dans l'espèce, on le suppose tout au moins, il n'y a pas demeure du débiteur, n'aurait pas davantage la ressource, que lui offrait le second paragraphe de l'article 245, de prouver le dommage résultant du retard pour obtenir indemnité.

Cette suppression de tout droit à indemnité supérieure aux

Art. 247. *Une dette d'argent produit intérêts à partir de l'introduction de l'instance, alors même que le débiteur ne serait pas en demeure ; si la dette n'arrive que plus tard à échéance, elle produit intérêts à partir du moment où elle devient exigible. Les prescriptions de l'article 244, paragraphe 1er, et de l'article 245, paragraphe 1er, trouvent application correspondante à cette hypothèse.*

intérêts moratoires tels qu'ils sont fixés par la loi, aussi bien là
où la loi les permet que là où elle les exclut, est donc en somme
la seule différence, pour les dettes d'argent, qui sépare cette hypothèse d'un jugement de condamnation, prononcé sans qu'il y ait
eu demeure préalable, du cas où il y a demeure proprement
dite, et qui distingue par suite la poursuite constitutive de mise
en demeure de celle qui ne l'est pas.

Art. 248.   Après avoir parlé des dettes d'argent, le Projet
s'occupe du cas qui était le seul prévu par le texte initial, celui
d'une poursuite en restitution d'un objet matériel, formant
corps certain ; et on déclare que, indépendamment des obligations spéciales qui pourraient résulter de la nature même de
l'obligation ou de la mise en demeure du débiteur, le seul fait
de la poursuite soumet les parties, au point de vue des restitutions qu'elles doivent se faire et de la responsabilité intérimaire qui leur incombe, pour le cas de condamnation, à toutes
les prescriptions édictées à ces divers points de vue pour le cas
où il s'agirait d'une action en revendication exercée contre un
possesseur sans droit ; et le tout s'appliquera à partir de l'introduction de l'instance, de même que les prescriptions auxquelles
on renvoie ici s'appliquent à partir de l'introduction de l'action
en revendication. Il s'agit des obligations relatives à la restitution des fruits et produits, à la responsabilité pour perte ou
détérioration, et, du chef du créancier, à l'obligation qui peut lui
incomber de tenir compte au débiteur condamné à restitution
des dépenses qu'il aurait faites.

Que l'on réclame une chose à titre de créancier ou à titre de
propriétaire, celui qui la possède doit, du jour de l'engagement
de l'instance, prévoir, même s'il est de bonne foi, l'éventualité
d'une restitution qui lui soit imposée, et par suite s'astreindre
à une vigilance plus stricte en ce qui touche les soins à donner

*Art. 248 (244). Lorsque le débiteur doit faire restitution d'un
objet déterminé, il y a lieu de régler, à partir de l'introduction
même de l'instance, et autant qu'il ne doit pas en être autrement en
ce qui regarde le créancier, soit en vertu de l'obligation, soit à
raison de la demeure du débiteur, d'une part les droits du créancier
au point de vue de la restitution des fruits ou du compte qui en est dû,
ou encore au point de vue de l'indemnité pour le cas de perte ou de
détérioration ; et d'autre part les droits du débiteur en ce qui touche
les remboursements auxquels il pourrait prétendre à raison de ses*

à la chose, de même qu'il doit mettre de côté les fruits et produits en vue d'une condamnation possible.

Toutes ces obligations relatives à la mesure de la prestation
que peut avoir à faire le débiteur ne rentrent plus dans la
demeure proprement dite; elles supposent même qu'il n'y a t
pas mise en demeure. La place qu'elles occupent dans le nouveau Projet, à la suite des dispositions relatives à la demeure,
s'explique très simplement, puisque les deux situations sont très
voisines. Il s'agit toujours d'une poursuite judiciaire et des effets
qu'elle produit sur le contenu de l'étendue de l'obligation elle-
même, selon qu'elle est ou non constitutive de demeure.

Nous avons ainsi décrit tous les effets d'un jugement condamnant le débiteur à exécuter; d'une part il le soumet rétrospec-
tivement, au point de vue des restitutions et de la responsabilité,
à des obligations très voisines de celles qui fussent résultées de
la mise en demeure résultant de l'assignation; et d'autre part il
permet au créancier, sous la seule condition d'un délai d'exécu-

*dépenses, d'après les prescriptions établies en vue des rapports entre
propriétaire et possesseur, telles qu'elles doivent être appliquées
à partir de l'introduction de l'instance en revendication 1 .*

(1) Je donne ici, pour faciliter la comparaison, les textes des deux articles
correspondants de la première et de la seconde rédaction.

<table>
<tr><td>Ancien article 244.</td><td>Nouvel article 248.</td></tr>
<tr><td>

Hat der Schuldner dem Gläubiger einen in sich bestimmten Gegenstand herauszugeben, so finden von dem Eintritte der Rechtshängigkeit an wegen Herausgabe und Vergütung der Nutzungen, wegen Ersatzes der Verwendungen und wegen Haftung für Erhaltung und Verwahrung, soweit nicht aus dem Schuldverhältnisse oder dem Verzuge des Schuldners zu Gunstens des Gläubigers ein Anderes sich ergiebt, diejenigen Vorschriften entsprechende Anwendung, welche für das Rechtsverhältniss zwischen dem Eigenthümer und dem Besitzer von dem Eintritte der Rechtshängigkeit der Eigenthumsanspruchs an gelten.

</td><td>

Hat der Schuldner einen bestimmten Gegenstand herauszugeben, so bestimmen sich vom Eintritte der Rechtshängigkeit an, soweit sich nicht aus dem Schuldverhältniss oder dem Verzuge des Schuldners zu Gunsten des Gläubigers ein Anderes ergiebt, die Ansprüche des Gläubigers auf Herausgabe oder Vergütung von Nutzungen, sowie auf Schadensersatz wegen Unterganges oder Verschlechterung und der Anspruch des Schuldners auf Ersatz von Verwendungen nach den Vorschriften, welche für das Verhältniss zwischen dem Eigenthümer und dem Besitzer vom Eintritte der Rechtshängigkeit des Eigenthumsanspruchs an gelten.

</td></tr>
</table>

tion à fixer au débiteur, d'abandonner l'exécution en nature pour recourir aux dommages-intérêts pour inexécution, sans autre preuve à fournir.

Par là se termine la partie relative à la façon dont doit se faire la prestation et à l'étendue qu'elle comporte, ce qui correspond au contenu de l'obligation du côté du débiteur ; nous arrivons ainsi à ce qui en forme le contenu du côté du créancier ; et la question correspond alors à ce que l'on appelle la demeure du créancier, à laquelle se trouve ainsi consacré le second titre de notre section.

18. – *Demeure du créancier* [38-45]. — En cette matière, qui nous intéresse tout particulièrement, puisqu'elle peut nous offrir les éléments dont nous avons besoin pour construire toute une théorie importante que le Code civil a omise, la seconde rédaction n'a apporté au Projet primitif aucune innovation réellement importante. On a surtout mis au point quelques passages dont l'harmonie avec certaines dispositions du Projet restait incomplète, on a supprimé quelques longueurs, sacrifié quelques articles jugés inutiles, et auxquels dût facilement suppléer l'interprétation logique des principes : ce ne sont guère là que des changements de forme; nous ne trouverons de modification de principe qu'à propos d'une question de preuve dont le point de vue ne laisse pas que d'être fort intéressant.

Art. 249. — C'est ainsi que dans le texte fondamental, qui pose le principe de la demeure du créancier par le seul fait de l'inacceptation d'offres régulières, on a supprimé un seul mot, la mention du débiteur ; on a pensé que, du moment que l'exécution peut être régulièrement faite par un tiers (art. 224), si l'offre également émanait d'un tiers, tant que le débiteur n'y a pas fait opposition, le créancier devrait être constitué en demeure s'il la refuse.

Art. 250 et art. 251 [39]. — On avait proposé une modification

TITRE II
DEMEURE DU CRÉANCIER

Art. 249 (254). *Le créancier est constitué en demeure lorsqu'il n'accepte pas la prestation qui lui est offerte.*

Art. 250 (255, § 1er). *Pour que les offres soient valables, il faut que la prestation ait été l'objet d'une offre réelle faite au créancier, et se présentant dans les conditions dans lesquelles devait se faire l'exécution.*

analogue dans ce long texte qui figurait sous le paragraphe 255 dans l'ancien Projet et où se trouve posé le principe des offres réelles avec mention des exceptions qu'il comporte. Le nouveau texte l'a coupé en deux : l'article 250 ne contient que le principe et l'article 251 énumère les exceptions. Celles-ci peuvent d'ailleurs se classer en deux catégories, les cas dans lesquels on se contente d'offres verbales, et ceux dans lesquels le débiteur n'a qu'à attendre le créancier sans avoir d'offres à lui faire, fussent-elles purement verbales.

La première catégorie comprenait dans l'ancien article 255 trois cas distincts, celui où le créancier a expressément déclaré au débiteur qu'il refuserait la prestation, celui où la prestation ne peut s'accomplir sans le concours préalable du créancier et celui où elle exige sa participation concomitante. Le nouveau texte a fait rentrer avec raison ces deux dernières hypothèses en une seule, celle où l'exécution exige la participation du créancier, qu'il s'agisse d'une initiative à prendre par lui ou d'une coopération concomitante à l'exécution.

Or, c'est précisément dans ce dernier cas, comprenant à la fois les deux hypothèses séparées dans la rédaction de l'ancien article 255, qu'on avait proposé d'admettre la possibilité d'une mise en demeure à la suite d'offres verbales émanant d'un tiers.

Mais on a fait remarquer qu'il s'agit d'hypothèses où le créancier doit, sur l'offre du débiteur, accomplir lui-même un premier acte d'exécution ou un acte concomitant à l'exécution. On exige quelque chose de lui, ne serait-ce que de venir chercher ou d'envoyer prendre ce qui lui est dû, puisque de droit commun la chose, sauf s'il s'agit d'argent, doit être livrée chez le débiteur. Il a donc paru que, sur le seul fait d'une offre émanant d'un tiers qui n'est obligé à rien vis-à-vis du créancier et que celui-ci peut ne pas connaître, on ne pouvait exiger de ce dernier que, pour éviter la mise en demeure, il fît une démarche susceptible peut-être de n'aboutir à rien, si ce n'est à un refus du débiteur qui déclarera qu'il était étranger à l'initiative qui a été prise (1). Donc, en fait d'offres verbales, il faut toujours qu'elles émanent du débiteur.

La seconde catégorie d'exceptions au principe des offres réelles se ramène à l'hypothèse unique où le débiteur est dispensé

---

1) Cf. JECKELN. *loc. cit.*, p. 882.

d'offres à faire au créancier ; c'est pour le cas où la démarche préalable imposée au créancier doit être faite à jour fixe, auquel cas, s'il ne l'a pas accomplie, il est en demeure par le fait même, sans que le débiteur ait à lui faire ni offre ni avertissement. Le nouveau texte ne change rien, ou à peu près, à la rédaction primitive. Ce qu'il y change se réfère à une modification générale qui s'applique à tout l'ensemble du texte et qui constitue la seule innovation un peu sérieuse du nouveau Projet en cette matière : c'est le point auquel j'arrive.

L'ancien article 255 exigeait en effet, dans tous les cas d'offres verbales, une autre condition pour la validité de la mise en demeure, c'était qu'au moment même où il faisait les offres le débiteur fût en mesure de fournir l'exécution.

La même condition, condition personnelle au débiteur, était également requise pour le cas où le débiteur est dispensé d'offres, de quelque nature que ce soit, celui par conséquent où le créancier doit prendre l'initiative d'une démarche à jour fixe : il fallait qu'au jour où cette démarche aurait dû être faite, le

—

Art. 251 (255 § 2 et 3). *Une offre verbale émanant du débiteur sera suffisante :*

lorsque le créancier lui aura déclaré qu'il n'accepterait pas la prestation ; ou encore,

lorsque, pour l'accomplissement de la prestation, le concours du créancier est nécessaire, en particulier lorsque c'est au créancier à aller prendre livraison de l'objet dû.

Équivaudra à l'offre elle-même, la sommation faite au créancier d'avoir à faire ce qui est à sa charge pour que la prestation lui soit fournie.

Si, pour ce qui est à la charge du créancier, et à supposer qu'il doive prendre les devants, un jour a été fixé d'après le calendrier, ou, dans le cas qu'une signification préalable doive lui être faite, si le jour d'échéance se trouve déterminé à date fixe en calculant à partir de la signification elle-même, il n'est pas nécessaire qu'aucune offre intervienne de la part du débiteur, du moment que le créancier n'a pas fait au jour dit ce qui lui incombait.

Le créancier n'est pas constitué en demeure, si le débiteur, au moment même où il faisait l'offre, ou encore, dans le cas du paragraphe 2, à la date fixée pour la démarche du créancier, se trouvait hors d'état d'exécuter la prestation.

débiteur eût été en mesure d'y répondre, c'est-à-dire d'exécuter.

Le nouveau texte ne supprime pas cette condition, tant s'en faut, puisqu'il en fait l'objet d'un alinéa spécial.

Seulement à la façon dont la rédaction se présente, on doit considérer cette condition personnelle au débiteur, non plus comme un élément constitutif de la mise en demeure que le débiteur doive prouver, s'il y a contestation, à l'occasion des effets qu'elle doit produire, sur l'existence de la demeure elle-même, mais comme un moyen de défense offert au créancier et qu'il doive présenter à la façon d'une exception au sens romain du mot, dont la preuve par conséquent lui incombe. L'ancien texte disait en effet : « *L'offre verbale, jointe à la possibilité concomitante chez le débiteur de fournir la prestation, suffira dans les cas suivants.... »*; et le nouveau se contente de dire : « *L'offre verbale émanant du débiteur suffit dans les cas suivants.... »* Puis c'est à la fin seulement de l'article qu'il ajoute : « *Le créancier n'est pas constitué en demeure lorsque le débiteur au moment où il faisait l'offre.... était hors d'état d'exécuter.* » Peut-être ce changement de rédaction à lui seul n'eût-il pas suffi à nous avertir de cette modification en ce qui touche la charge de la preuve ; mais l'intention de la commission a été nettement exprimée sur ce point dans le Protocole officiel, ce qui correspond au procès-verbal des séances, et le doute ne saurait exister à cet égard (1).

En ce qui concerne le second élément de la mise en demeure au cas d'offres verbales, on consacre l'interversion de la preuve ; ce n'est plus au débiteur à prouver qu'il existe, mais au créancier, s'il en conteste l'existence, à justifier son affirmation : à lui de démontrer qu'au jour auquel on fait remonter la mise en demeure, le débiteur, si on eût exigé qu'il exécutât, eût été incapable de le faire.

Ce changement paraît être de peu d'importance à l'apparence : il dénote au fond un esprit nouveau, plus souple, moins asservi à la rigueur des conceptions doctrinales, lequel semblerait devoir inspirer la commission chargée de la révision du Projet.

On nous dit, en effet, que c'est en se fondant sur les usages de la vie courante que l'on a admis ce renversement de la preuve. Logiquement c'eût été au débiteur, puisque c'est lui qui affirme la mise en demeure du créancier et qui est intéressé à s'en pré-

____

(1) V. Beatz, *loc. cit.*, p. 124, note 1, et Jecklin, *loc. cit.*, p. 881-882.

valoir, à prouver tous les éléments constitutifs de la demeure ;
donc que lui-même était prêt à payer et que toutes les conditions
nécessaires pour la livraison au jour dit étaient réunies pour ce
qui est de lui. Mais on a considéré qu'en pratique il est bien rare
qu'un débiteur qui offre de payer, et qui s'attend à être pris au
mot, n'ait pas entre les mains tous les éléments de la prestation ; tandis que le créancier qui pour raison de chicane est décidé
à refuser les offres ne manquerait pas dans tous les cas, s'il
n'avait sur ce point aucune preuve à fournir, de prétendre que
matériellement le débiteur n'était pas prêt à payer et qu'il offrait
pour la forme. Du moment que le créancier allègue une raison
aussi peu vraisemblable, qu'il en prouve le bien fondé : voilà ce
qu'exigeaient le bon sens et la nécessité pratique, en dehors de
tout raisonnement purement logique.

Le nouveau Projet en acceptant pour les motifs que je viens de
reproduire l'interversion de preuve, ne faisait qu'appliquer en
matière de preuve un système plus général, que j'ai déjà eu
occasion de décrire ailleurs (1), et d'après lequel un fait de l'ordre juridique doit être considéré comme établi jusqu'à preuve
contraire lorsque toutes les circonstances de fait qui l'accompa-
gnent d'ordinaire dans les usages de la vie se trouvent réunies :
et c'est alors à celui qui conteste la présomption qui en dérive à
prouver que l'apparence ne répond pas à la réalité. Comme en
pratique presque tous les débiteurs qui offrent de payer sont en
mesure de le faire, pourquoi irait-on présumer le contraire ?
L'apparence est que l'offre est valable parce que en fait et dans
la réalité toutes les offres faites dans ces conditions sont des
offres sincères ; si maintenant le créancier qui les repousse invoque la simulation et prétend par suite que le débiteur pris au mot
eut été incapable de s'exécuter, qu'il le prouve.

Art. 252. Il fallait prévoir un cas où le créancier, quoiqu'acceptant, serait néanmoins constitué en demeure ; c'est lorsque,
devant de son côté fournir une contre-prestation, il est prêt à
recevoir ce qu'on lui offre, mais n'offre pas ce qu'il doit. Sous ce
rapport rien de changé à l'ancien article 256.

*Art. 252 (256). Lorsque le débiteur n'est obligé à livrer que contre
une prestation à recevoir du créancier, celui-ci est constitué en
demeure, bien qu'il soit prêt à accepter la prestation qu'on lui offre,
s'il n'offre pas à son tour la contre-prestation qui lui est demandée.*

(1) V. *Annales de droit commercial*, 1893, II, p 185 et suiv.

Art. 253 [40]. Pour en terminer avec les conditions de la demeure du créancier, le nouveau Projet apporte une légère atténuation au système primitivement adopté que l'existence de la demeure, en tant qu'il s'agit du créancier, n'est pas liée à une question d'imputabilité : la demeure du créancier existe indépendamment de la faute. Si donc celui-ci a un empêchement réel d'accepter les offres, et dont il ne soit en rien responsable, il n'en sera pas moins constitué en demeure. Cette solution devenait exorbitante pour les cas où le créancier peut être incessamment surpris pendant un délai indéterminé par l'initiative du débiteur, ce qui arrive au cas d'absence de terme, ou encore lorsque le terme est dans l'intérêt du débiteur, puisque celui-ci peut toujours le devancer à quelque moment que ce soit (art. 227). Le débiteur pourrait précisément profiter d'un empêchement momentané du créancier pour lui offrir la prestation et le constituer forcément en demeure ; c'eût été faire au créancier une situation par trop désavantageuse. Ce qu'il y a de vrai dans la raison que l'on donne que l'exécution au jour dit est un droit acquis dépendant du contenu de l'obligation, auquel toute question d'imputabilité de la part du créancier reste forcément étrangère, n'a de valeur que s'il existe en effet un jour fixé pour cette exécution. En dehors de cela, il faut admettre le créancier à se prévaloir des empêchements qu'il peut avoir, pour demander que l'on remette à plus tard la prestation qu'on lui offre. Le contenu de l'obligation trouve en effet sa mesure dans la bonne foi et je pourrais presque dire la complaisance réciproque des parties.

Toutefois le débiteur, même au cas de délai indéterminé, du moins quant à lui, peut s'assurer le bénéfice d'une prestation à jour dit en fixant son jour au créancier : il pourra lui signifier qu'il exécutera à tel jour, et, pourvu qu'il lui ait fait cette signification à un délai suffisant, on revient à l'application de la règle en matière de prestation à jour fixe, qu'il n'y a pas à tenir compte des empêchements du créancier et que sous ce rapport les risques sont à sa charge (1).

Art. 253. *Lorsque la date de la prestation n'est pas fixée, ou que le débiteur soit autorisé à la fournir avant le terme indiqué, le créancier n'est pas constitué en demeure par cela seul qu'il est provisoirement empêché d'accepter, à moins que le débiteur ne lui ait signifié,*

(1) BEATZ, *loc. cit.*, p. 125, note 2.

Art. 254 [44-45]. Les effets résultant de la demeure restent ce qu'ils étaient dans le Projet primitif. Le débiteur ne répond plus que de sa faute volontaire ou de sa négligence grossière ; s'il s'agit de dette de genre, les risques passent au créancier au moment même où celui-ci se trouve en demeure, c'est-à-dire lorsqu'il refuse irrégulièrement la chose qu'on lui offre. Déjà l'ancien Projet ne parlait du transfert des risques que pour les dettes de genre, cela tenait à ce que d'une façon générale pour les dettes de corps certain l'ancien article 368, paragraphe 2 mettait les risques à la charge du créancier dès que celui-ci était en demeure : on sait en effet que de droit commun, dans le système du Projet, les risques sont pour le débiteur. Si cependant, malgré cette disposition absolument générale de l'article 368, on insistait ici tout particulièrement sur les dettes de genre, c'est qu'avant de leur appliquer le principe de l'article 368 sur le transfert des risques par l'effet de la demeure du créancier en ce qui touche les obligations de corps certain, il fallait déjà savoir à quel moment la dette de genre se spécialisait pour devenir une dette de corps certain ; et l'on sait que, d'après l'ancien article 254, cela ne se produisait que par la livraison de l'objet ou, sinon, dans les cas où avant livraison il y avait transfert des risques à la charge du créancier. Donc, le principe de l'article 368 ne visant que les obligations de corps certain, il ne se serait jamais appliqué aux dettes de genre, si on n'eut pas répété à leur sujet d'une façon expresse et formelle que la demeure du créancier résultant d'une offre régulière mettait les risques à sa charge ; et, d'autre part, c'est ce transfert des risques résultant de la demeure qui, d'après l'article 214, concentrait l'obligation sur la chose offerte (1).

Il semblerait donc, au contraire, d'après le nouvel article 207, paragraphe 2, qu'il eût été inutile désormais de faire une disposition spéciale pour les obligations de genre en ce qui touche le transfert des risques résultant de la demeure, puisque d'après le nouveau Projet la spécialisation est acquise dès que le débiteur a fait,

en s'y prenant un délai suffisant par avance, son intention d'exécuter à une date déterminée.

Art. 254 (257). *Le débiteur, pendant la demeure du créancier, ne répond que de sa faute volontaire ou de sa négligence grossière.*

Si la chose due n'est désignée que par son espèce, les risques passent au créancier au moment même où celui-ci se trouve constitué en demeure par le refus d'acceptation de la chose qu'on lui offre.

(1) Cf. *Motive*, sur l'art. 368, t. II, p. 208 et sur l'art. 357, t. II, p. 74.

pour livrer la chose qu'il destine au créancier, tout ce à quoi il était tenu d'après son obligation ; or, il est bien certain qu'une offre régulière portant sur une chose du genre convenu et de la qualité requise, faite dans les conditions exigées par la nature même de l'obligation, consomme en quelque sorte tout l'ensemble de ce à quoi était tenu le débiteur et toute la série de ses obligations : de ce moment il y aurait donc, d'après le nouvel article 207, paragraphe 2, transformation de la dette en une dette de corps certain et par le fait même mise en demeure du créancier : et alors, si nous sommes en présence d'une obligation individualisée et que la demeure soit acquise, il n'y aurait plus qu'à appliquer le principe général que le nouveau Projet consacre, comme l'ancien, dans la partie relative au contrat synallagmatique du transfert des risques résultant de la demeure du créancier en matière d'obligation de corps certain.

D'après l'ancien Projet, il fallait parler de transfert des risques pour les dettes de genre, parce que c'était le fait précis qui les transformait en dettes de corps certain, et que jusque-là on ne pouvait pas leur appliquer l'article 368 sur l'effet de la demeure du créancier en ce qui touche les risques.

D'après le nouveau, cette spécialisation a lieu indépendamment du transfert des risques par le seul effet de l'offre régulière, et dès lors, une fois l'offre faite et la demeure acquise, il n'y aurait plus alors, très régulièrement et très logiquement, qu'à appliquer la règle écrite à propos des contrats synallagmatiques sur la charge des risques lorsqu'il y a demeure du créancier.

Le second paragraphe du nouvel article 254 aurait donc pu paraître assez inutile.

Cependant on a pu penser que les termes de l'article 207, paragraphe 2, étaient trop peu clairs en eux-mêmes, comme on l'a vu plus haut, et qu'il n'était pas inutile d'en faire une application concrète très expresse à propos des dettes de genre, sans avoir à laisser ce soin à l'interprétation et à la combinaison des textes.

D'autre part, il peut se faire, d'après les règles de l'article 207, paragraphe 2, que la dette de genre se spécialise en certains cas avant qu'il y ait offre proprement dite et demeure du créancier ; il ne serait pas exact, en pareil cas, de dire que les risques passent au créancier avec cette spécialisation de l'obligation. Il y a bien, au sens large du mot, certains risques qui passent au créancier, c'est le risque de la libération du débiteur par cas fortuit, puisque désormais il ne répond plus de l'impossibilité qui ne lui serait pas imputable et n'est plus tenu que de sa faute proprement dite; mais cette libération, qui peut constituer un risque d'un certain genre pour le créancier, et qui en effet est pour lui une perte sèche dans les contrats unilatéraux, n'est pas ce que l'on entend par risques dans la matière qui nous occupe, puisqu'il s'agit ici uniquement du sort de la contre-prestation au cas de contrat synallagmatique. Donc ce risque, au sens technique du mot, ne passe pas au créancier avec la simple spécialisation de l'obligation, car cette dernière a fait de l'obligation une dette de corps certain ordinaire, et, d'après le système du Projet, dans les dettes de corps certain, les risques restent pour le débiteur, qui, dès qu'il est libéré par cas fortuit, n'a plus rien à recevoir du créancier.

Or, il fallait qu'il n'y eût pas de méprise à cet égard et que l'on sût parfaitement que le transfert des risques ne coïncidait plus forcément avec l'application de l'article 207, paragraphe 2, c'est-à-dire avec le moment où le débiteur a fait ce à quoi il était tenu; encore fallait-il qu'il y eût en outre demeure proprement dite du créancier; et le débiteur a pu faire ce à quoi il était tenu sans qu'il y eût encore demeure à proprement parler du créancier (1).

Donc à ce nouveau point de vue il n'était pas inutile de dire qu'en matière de dettes de genre les risques passaient au créancier au moment où celui-ci se trouvait constitué en demeure par un refus irrégulier.

Art. 255, art. 256 [46]. Le nouveau Projet n'ajoute rien de nouveau aux effets de la demeure relatifs à la cessation du cours des intérêts, ou à l'obligation de restitution des fruits et revenus à retirer d'un immeuble ou, d'une façon générale, d'un objet quelconque.

On a fait remarquer dans un des commentaires de la nouvelle rédaction que la cessation du cours des intérêts était admise d'une façon générale, sans restriction ni réserve, donc alors même que

---

Art. 255 (259). *Au cas de dette productive d'intérêts, le débiteur, pendant la demeure du créancier, cesse d'être tenu du payement des intérêts.*

Art. 256 (258). *Lorsque l'obligation du débiteur consiste à restituer les fruits et revenus à retirer d'un objet matériel ou à en tenir compte au créancier, son obligation pendant la demeure de celui-ci, se restreint aux fruits ou revenus qu'il a réellement perçus.*

(1) On trouvera facilement l'application de cette formule en se reportant aux explications que j'ai données sur l'art. 207 (*supra* n° 7).

le créancier aurait déjà livré la contre-prestation qu'il pouvait avoir à fournir ; car on ne peut pas dire que le débiteur va profiter de la jouissance à la fois de ce qu'il a reçu et de la somme qu'il doit, puisque, cette dernière, à supposer qu'elle fût placée à intérêts, il a dû la retirer pour la mettre à la disposition du créancier et qu'il n'est plus libre d'en faire emploi en attendant qu'il plaise à celui-ci de la recevoir (1).

Quant à l'obligation de restitution des fruits et revenus, elle se restreint à ceux que le débiteur aura réellement touchés : aucune innovation sous ce rapport.

Art. 257 [50-51]. Enfin, il est un effet de la demeure dont l'ancien Projet ne parlait pas, du moins à cette place, c'est le droit pour le débiteur de se libérer par voie de consignation de ce qu'il doit. Il en était question, comme dans la seconde rédaction également, à propos des modes d'extinction de l'obligation. Mais le nouveau Projet a pensé avec raison que pour les dettes d'immeubles il n'y avait pas d'assignation possible, et il a voulu admettre ainsi pour les objets immobiliers l'analogue de ce qu'est la consignation pour les meubles et effets mobiliers, c'est-à-dire l'abandon de l'immeuble.

Seulement on exige, toutes les fois que la chose est possible, que le débiteur, avant d'abandonner la possession, en donne avis préalable au créancier.

Art. 258 [43]. Quant à l'indemnité que peut réclamer le débiteur pour dommage résultant du retard qu'on lui impose, elle continue à ne comprendre que les deux chefs suivants : les frais faits pour l'offre ou tentative d'exécution restée infructueuse, et ceux exigés pour la conservation, prolongée au delà de ce que lui imposait son obligation, de la chose ou de l'objet dû.

Art. 257. Lorsque le débiteur est tenu de restituer un immeuble, il est autorisé, à partir de la demeure du créancier, à en abandonner la possession. Mais cet abandon n'est permis qu'après avis comminatoire préalable, toutes les fois du moins que cela est possible.

Art. 258 (261). Le débiteur peut, en cas de demeure du créancier, réclamer indemnité pour frais supplémentaires, exigés, soit pour l'offre infructueuse qu'il a faite, soit pour la prolongation qui ne rentrait plus dans son obligation, de la garde et conservation de la chose due.

(1) Cf. REATZ, *loc. cit.*, p. 126, note 3.

PARIS. — IMP. E. FLAMMARION, RUE RACINE, 26.